CÓRTALA

Pasos para derribar los límites
y vivir a plenitud

Tenay Rodríguez

@tenayrdz305

CÓRTALA

Copyright Tenay Rodríguez

Primera edición 2023

ISBN: 9798390380741

Maquillaje y peinado: Eugenio Rodríguez

Fotografía: Michel Melián Alfonso

Producción y edición: Becoming an Influencer

Cualquier forma de reproducción, distribución, comunicación pública o transformación de esta obra solo puede ser realizada con la autorización de su titular, salvo excepción prevista por la ley.

Agradezco a Dios por dármelo todo.
Y dedico este libro a mis hijos Matthew e Isabella
y a mis padres Belkis y Ramón.

CONTENIDO

Presentación 9

Lo que aprendí de mis padres 11

    Forjando el carácter 15

    La importancia del trabajo duro 18

    El valor de la justicia 20

    Cultiva la sed de aprender 23

    Despierta tu curiosidad 25

    Crea tus propias condiciones 28

Ámate primero a ti 33

    ¿Qué es la autoestima? 36

    Señales de una autoestima saludable 37

    Fortalece tu amor propio 39

Corta con tus creencias limitantes 47

    ¿Qué son las creencias limitantes? 50

    Tipos de creencias limitantes 51

    Aprende a superar tus creencias limitantes 54

Mitos a cortar ¡ya!..63
    "El dinero es malo"..66
    "El dinero llama dinero"......................................69
    "La mujer frente al fogón".................................70
    "Estoy muy viejo/a para emprender"..............71
    "El amor es eterno"..75
    "Necesito un título universitario para triunfar en la vida"..76
    "No tendré éxito por inmigrante"......................79
    "Hay que esperar el momento perfecto"..........83
    "Todo es cuestión de suerte"..............................84
    Para salir de tu zona de confort........................86
    "¿Te vas a quedar para vestir santos?"..............89
    "Los hombres no lloran".....................................90

Pon límites..95
    Aprende a poner límites.....................................98
    Claves para poner límites.................................100
    Adiós a las personas tóxicas............................106
    En caso de abusos físicos.................................111

Deja de ser tu propio saboteador......................113
    Supera el síndrome del impostor....................119
    Ten fe en tu potencial.......................................124
    Sé enemigo de las excusas...............................127

Manual para vencer las excusas 129
Echa a un lado la procrastinación 132

No te quejes tanto 137
¿Por qué te quejas tanto? 141
Resiliencia contra la lamentadera 144
Claves para ser resilientes 147

Corta la victimitis 151
¿Sufres de victimismo? 154
Para superar el victimismo 155

El pasado, pasado es 169
Claves para soltar el pasado 172
Mira con esperanza el futuro 186

Tú decides tus logros 189
No bases tus éxitos en las expectativas ajenas 191
Cuál es tu definición del éxito 193

Los sueños hay que sudarlos 199
Suda por lo que sueñas 202

PRESENTACIÓN

Nací el 26 de febrero de 1982 en La Habana, El Vedado, específicamente en la Maternidad De Línea. Cuba es un país hermoso, con una rica cultura e historia. Pero también es un lugar con muchas dificultades. Recuerdo que mientras crecía, éramos pobres, pero nos teníamos a nosotros mismos.

En ese momento había muchas situaciones que lamentar, que me habrían sumido en un estado de postración. Pero no. Decidí darle la vuelta a la situación y escribir mi propia historia, sin lamentaciones, rencores ni remordimientos. Comunicarte esas ideas es el propósito de este libro.

¿Por qué *Córtala?*, te preguntarás. La idea es examinar esos mitos y creencias limitantes que cortan nuestras alas para elevarnos a remontar hacia un mejor porvenir, y sacarlas de nuestra existencia. Comenzando por sacarlas de nuestra cabeza.

A lo largo de las siguientes páginas veremos aspectos cruciales que han definido a la mujer exitosa que soy hoy en día. Desde los valores que me inculcaron mis padres en el hogar -la justicia, la importancia del trabajo y la educación para superarse-, hasta las herramientas a manejar para lograr la plenitud, ya sea financiera, profesional, familiar y, por supuesto, personal.

Te invito a este recorrido para decirle adiós a los pensamientos que te impiden amarte más a ti mismo, y a derribar los límites de todo tipo que nos cercan entre las cuatro paredes de la conformidad. Aprender a hacerle frente a esas personas que no suman en tu vida, a dejar en el pasado las poses de víctima y, principalmente, a recuperar tus sueños y dar los primeros pasos para ponerlos en acción.

A lo largo del libro encontrarás la sección llamada Córtala, con consejos útiles y ejercicios a poner en práctica para alcanzar tus objetivos.

En estas páginas no encontrarás soluciones simples para los problemas de la vida, pero sí herramientas para asumir tu día a día desde otra perspectiva, con otros ojos y una mirada renovada al mundo, para empezar a construir tu nueva historia.

Una historia en la que seas el o la protagonista y en la que en tus manos esté el lápiz que escriba cada párrafo.

Acompáñame en este viaje. Merecerá la pena. Confía en mí.

Tenay Rodríguez
@tenayrdz305

LO QUE APRENDÍ DE MIS PADRES

Como punto de partida, te adelanto las bases sobre las cuales me levanté para la plenitud de la que ahora disfruto.

Mis padres se separaron cuando yo tenía 13 años, y mi madre nunca se volvió a casar. Ella era una mujer muy trabajadora; y aunque mi padre se casó de nuevo, siempre estuvo presente en el hogar.

La armonía familiar sienta las bases para una persona adulta y equilibrada. Por ejemplo, Dana, la segunda esposa de mi padre, es una persona muy especial para mí. Dana fue como una segunda madre; incluso cuando nos vamos de vacaciones, nos vamos todos.

Fue tal la presencia de mi padre, que ni recuerdo que se haya divorciado de mi madre. Ahora de mayor lo sé, pero en el mundo infantil de mi niñez no noté la diferencia. Nunca vi una discusión en la casa, ni discordia. No recuerdo nada de eso.

De ese entorno recupero la noción de la importancia de la familia en la formación de un adulto con las armas necesarias para enfrentarse a la vida: es vital que los niños aprendan valores de sus padres, ellos son los mejores modelos de conducta y quienes ofrecen las primeras herramientas para lograr una vida satisfactoria y con sentido.

Gracias a la orientación de mis padres, ahora estoy viviendo la vida de mis sueños. Les estaré siempre agradecida por haberme enseñado la importancia del trabajo duro y la determinación. Sin su ayuda, no estaría donde estoy hoy.

Hay muchos valores diferentes que los niños pueden aprender de sus padres, como la honestidad, el respeto, la responsabilidad y la amabilidad. Estos valores construirán rasgos de carácter fuertes que durarán toda la vida.

Creo que estos fuertes lazos familiares son una de las cosas que nos hacen felices y exitosos en la vida. Cuando tenemos gente que se preocupa por nosotros y que quiere que nos vaya bien, nos da fuerzas para seguir adelante, incluso cuando las cosas se ponen difíciles. Así que, si alguna vez te sientes perdido o solo, recuerda que tienes una familia que te quiere y desea lo mejor para ti.

De allí que quisiera abrir este libro con el capítulo donde revelo, según mi experiencia personal, aquellos valores que aprendí de mi familia y que hoy conforman las bases de mi presente feliz y exitoso:

- Forjar el carácter
- Trabajo duro
- La justicia como valor
- Aprender
- Curiosidad
- Crear condiciones propias

Forjando el carácter

Siempre he sido demasiado soñadora, entusiasta y líder de grupo. Por eso de niña me la pasaba metida en "problemas". ¡Siempre estaba inventando! En una ocasión abrieron una hamburguesería cerca de la escuela donde yo estudiaba y me escapé del aula para ir a comprar hamburguesas. Obviamente, me atraparon en la cola. Pero como siempre inventaba, dije que le había ido a comprar una hamburguesa a la maestra...

Yo tenía mis propias leyes. Desde que tengo memoria quise vestirme a mi manera, pese a que a mi mamá no le gustaban mis elecciones. Mi papá generalmente intervenía con frases como: "Déjala que se vista como ella quiera", "Déjala que escoja su ropa", "ella tiene criterio propio". Tendría yo 4 o a lo sumo 5 años. Esas discusiones fueron muy significativas para mí.

Recuerdo entonces que mi papá me paró frente a mi pequeño armario, abrió la puerta y me dijo "Abre y ponte lo que tú quieras". Eso no solo incidió en cómo me iba a vestir, obvio, sino que empezó a forjar mi independencia.

Y es que las situaciones y elecciones aparentemente triviales van formando tu carácter y fortaleciendo tu personalidad para construir tus propias decisiones y controlar tu destino para crear la vida que quieres vivir.

Cuando tomas tus propias decisiones, eliges lo que quieres hacer, dónde quieres ir, y cómo quieres vivir. Tú eres quien decide lo que es mejor para ti, y nadie más puede decirte lo que tienes que hacer.

Tomar tus propias decisiones también te permite aprender de tus errores. Si tomas una mala decisión, puedes aprender de ella e intentar no volver a cometer el mismo error. Claro, elegir y actuar según tus propios criterios no siempre es fácil, pero definitivamente merece la pena. Es una de las cosas más importantes en la vida, y te ayudará a alcanzar tus objetivos y trazar el camino que quieres para ti.

La formación del carácter es el proceso mediante el cual las personas desarrollan las cualidades que les permiten convertirse en individuos de éxito y completos. Estas cualidades incluyen valores y hábitos como la autodisciplina, la perseverancia, la honestidad y la empatía.

Las personas pueden forjar su carácter a través de diversas experiencias, como la educación, el trabajo, las relaciones y hasta las actividades de ocio. El objetivo es convertirte en la mejor versión de ti y no dejar las riendas de tu destino en manos de otros. Muchos son los beneficios de tomar el volante de tu vida:

- Las personas con un carácter bien formado tienen más probabilidades de alcanzar el éxito en la vida, tanto profesional como personalmente.

- También son respetadas por los demás y hacen contribuciones positivas a sus comunidades.

- Son más capaces de capear las tormentas de la vida y salir indemnes e incluso más fuertes y determinadas.

- Disfrutan de vidas ricas y satisfactorias.

No hablo de tener un "mal carácter", ni siquiera de un carácter fuerte. Sino de la templanza de ánimo necesaria para cortar muchas situaciones que nos impiden alcanzar la plenitud.

No importa en qué punto de tu viaje te encuentres ahora, nunca es demasiado tarde para empezar a forjar tu carácter. Hay varios recursos disponibles. Desde programas y cursos que pueden enseñarte las habilidades que necesitas para construir un carácter fuerte, hasta libros -¡como este!- donde encontrar orientación mientras trabajas para construir objetivos.

La importancia del trabajo duro

Cuando era pequeña y debía hacer las tareas del colegio, mi mamá me decía "Ve a donde tu papá". Aunque mi mamá es licenciada en Matemática, nunca me ayudó con una tarea de matemática, sino mi papá. Él era la academia y mi madre la luchadora.

Recuerdo a mi madre venir con unas bolsas grandes de pescado, de unas 30 o 40 libras, tocando las puertas de las embajadas y consulados de La Habana para vender pescado fresco frisado. Sin tener transporte, caminando por horas sin saber si le iban a comprar o no.

Y estamos hablando de una persona que es licenciada en Matemática, una analista de computación en una época en que no se había generalizado el internet. Era la jefa del departamento de telecomunicaciones y computación. Y con todo ese título y ese cargo, ¡redoblaba el esfuerzo vendiendo pescado para generar más ingresos familiares en un país devastado! Mi papá era el jurídico de esa empresa.

Mis padres son personas profesionales, preparadas, y me conmovía verlos luchando contra las adversidades que había en Cuba. Por ello, de mis padres saqué el sentido del sacrificio, de que para conseguir las cosas tienes que trabajar duro, multiplicar por dos o más veces tu voluntad y tus esfuerzos.

No hay nada que sustituya al trabajo duro y al esfuerzo si quieres alcanzar tus objetivos. Ningún talento o habilidad natural reemplazará a la dedicación, la determinación y la perseverancia.

Por supuesto, algunas personas parecen haber nacido con mayor aptitud para ciertas cosas que otras. Pero incluso las personas más dotadas tienen que dedicar horas de práctica y estudio para perfeccionar sus habilidades. De igual forma se enfrentarán a contratiempos y decepciones en el camino.

La conclusión es que nada que merezca la pena es fácil. Si quieres conseguir algo grande, tienes que estar dispuesto a dedicar el trabajo duro y el esfuerzo necesario. Aprendí desde niña que no hay atajos para el éxito.

Así que, si te enfrentas a un objetivo difícil, no te desanimes. La única forma de conseguirlo es mediante el trabajo sostenido y con una intención clara. Así que, si buscas el éxito, asegúrate de que tu determinación para trabajar por lo que quieres sea la primera de tu lista. Es la única forma de hacer realidad tus sueños.

El valor de la justicia

Mi sentido de la justicia es tan alto que incluso tomo decisiones que pudieran no beneficiarme, solo porque creo que son justas. Ese principio de justicia lo heredé de mi padre, quien es abogado penal graduado en 1982, el año en que yo nací. Siempre ha sido una persona muy justa y apegada a la ley.

Por esa influencia paterna, estoy convencida de que todas las personas deben ser tratadas de forma justa y equitativa. Pero ahora, ¿qué significa ser justo? ¿Y cómo podemos asegurarnos de que somos justos en nuestra vida cotidiana?

Ser justo significa tratar a los demás como te gustaría que te trataran a ti. Significa dar a la gente la oportunidad de expresar su opinión, escuchar y ponerse en su lugar. Significa tener la mente abierta y estar dispuesto a considerar diferentes puntos de vista.

Hay muchas formas de ser justo en tu día a día. Las que te planteo a continuación son solo algunas que recomiendo porque las vengo aplicando a lo largo de mi vida, gracias a los valores que aprendí en el seno de mi familia:

Sé razonable en tus expectativas

No esperes que los demás estén siempre de acuerdo contigo o que hagan las cosas exactamente como tú quieres. Estate dispuesto a transigir y a encontrarte con la gente a mitad de camino.

No te aproveches de los demás

Si tienes una posición de poder, cualquiera que sea, no la utilices para conseguir lo que quieres a costa de los demás. Eso no es justo, amén de que te traerá consecuencias nefastas en las relaciones.

Que hoy tengamos la capacidad de conseguir lo que queremos por una posición circunstancial no significa que debamos aprovecharnos de las personas que están en un nivel de "debilidad" con respecto a nosotros.

Por el contrario, debemos utilizar nuestra posición de poder para ayudar a las personas que nos rodean, sean de nuestra familia, trabajo, comunidad o país. Cuando actuamos de esta manera, no solo aportamos para que el mundo sea un lugar mejor, sino que también nos hacemos a nosotros mismos mejores personas. Y, de ñapa, vamos construyendo relaciones sólidas y, como las migas de pan, dejando en el camino apoyos futuros.

Recuerda siempre que la vida es una rueda: hoy podemos estar arriba, pero quién quita que mañana estemos abajo, dependiendo de los que hoy están a nuestro servicio o son nuestros supervisados.

CÓRTALA

Predica con el ejemplo

Como dice el refrán, "las acciones hablan más que las palabras". Si quieres ser una persona recta, no basta con decir a la gente lo que tiene que hacer: tienes que predicar con el ejemplo. Muéstrales que estás dispuesto a trabajar duro y que eres capaz de conseguir grandes cosas de manera honesta y en armonía con tu entorno. Hazles ver tu entusiasmo y tu determinación.

Si actúas de forma diferente a lo que predicas, la gente no te respetará y pensará que no la tratas con justicia. Así que si quieres ser un modelo de conducta para quienes te rodean, asegúrate de que tus acciones coincidan con tus palabras.

Sé objetivo en tus decisiones

Es difícil ser objetivo a la hora de tomar decisiones, especialmente si esas decisiones nos afectan personalmente. Sin embargo, las preferencias personales no deben desempeñar un papel determinante en nuestro proceso de toma de decisiones.

Si queremos ser justos y equitativos, tenemos que estar dispuestos a dejar de lado nuestros gustos y disgustos y centrarnos en lo que es mejor para todos los implicados. Quien actúa así siempre gana, pues crea un ecosistema sumamente nutritivo, donde adquiere autoridad, liderazgo, firmeza y confianza en sí mismo. Esto es un reto, pero es importante recordar que la objetividad es la clave para tomar decisiones acertadas.

Al ser imparciales, podemos asegurarnos de que nuestras decisiones se basan en hechos y no en emociones. Solo entonces podremos actuar realmente en el mejor interés de todos y, a fin de cuentas, de nosotros mismos.

Cultiva la sed de aprender

Uno de los recuerdos más recurrentes que tengo de mi papá es que siempre estaba leyendo. Me gusta mucho conversar con él porque es una persona que sabe de todo: de geografía, de política, de estadística, de las culturas de los países, la historia. Se mantiene en una continua preparación y continua lectura.

De él aprendí desde pequeña que las ganas de aprender y la formación académica son tu gran capital. El aprendizaje es una actividad humana fundamental que nos ayuda a sobrevivir y prosperar. Este continuo ejercitarse en el saber, esta curiosidad por conocer te dará las herramientas para superar tus propias circunstancias, por difíciles que estas sean. Con la formación constante construyes un faro que no solo sirve para iluminar tu camino, sino el camino de los demás.

Cuando aprendemos, adquirimos nuevos conocimientos, habilidades y comportamientos que podemos utilizar en nuestra vida cotidiana para llegar a donde decidamos.

El aprendizaje puede producirse en cualquier lugar, en cualquier momento y a cualquier edad. Los beneficios del aprendizaje son numerosos y te ayudarán de muchas maneras diferentes:

- Desarrollar nuevas habilidades y capacidades.
- Mejorar tus perspectivas de empleo y aumentar tu potencial de ingresos.

- Mejorar la salud física y bienestar sabiendo cómo tratar tu cuerpo y alma.
- Reforzar relaciones sociales.
- Ampliar horizontes culturales.

Despierta tu curiosidad

Me considero muy curiosa. Me cuestiono y cuestiono todo para dar con la información o conocimiento que está más allá de la superficie. Soy, por ejemplo, de las personas que, aunque el tema no sea conmigo, abro una foto y quiero saber quién está detrás de la foto, estudio el escenario o el paisaje, indago en el momento en que se tomó, qué tiene puesto y por qué. Cosas tan sencillas como esas me divierten porque mantienen mi capacidad de crítica, mi mente activa y mi actitud proactiva.

Y es que la curiosidad es un sentimiento de querer saber o aprender más sobre algo. Es lo que nos impulsa a hacer preguntas, a buscar nueva información y a explorar el mundo que nos rodea. Es lo que ha llevado al ser humano a crear maravillas espirituales y materiales.

Las personas más curiosas suelen ser mejores en la resolución de problemas y recuerdan más lo que aprenden. También es más probable que sean innovadoras, proactivas y creativas.

Entonces, ¿por qué la curiosidad es tan importante para el aprendizaje y, en consecuencia, el desarrollo personal? Nos ayuda a comprometernos más con lo que aprendemos: cuando sentimos curiosidad por algo, es más probable que prestemos atención y nos concentremos en ello. Esto conduce a una comprensión más profunda de aquello que intentamos conocer.

Otra razón de la importancia de la curiosidad para el aprendizaje es que nos motiva a buscar nueva información. Cuando sentimos curiosidad por algo, es más probable que busquemos respuestas y exploremos diferentes opciones. Que no nos conformemos con lo que se nos da. Esto ayudará a comprender el mundo que nos rodea y a encontrar soluciones nuevas e innovadoras a los problemas. Es decir, comprender y emprender para tener un impacto positivo en el mundo.

CÓRTALA

Impulsa tu curiosidad

Si quieres fomentar el aprendizaje en ti mismo o en los demás, fomenta tu sentido de la curiosidad. Haz preguntas, cuestiona todo, no te quedes con respuestas fáciles, busca nueva información y explora incansablemente. Todo ello te ayudará a descubrir tu verdadero potencial:

- Intenta aprender algo nuevo cada día.
- Ten una mentalidad abierta y dispuesta a explorar cosas nuevas.
- Haz preguntas cuando no entiendas algo y sé persistente en la búsqueda de respuestas.
- Considera todas las posibilidades, incluso las que no son tan obvias.
- Sé flexible en tu pensamiento y ten la disposición de cambiar de perspectiva.
- Sé creativo en tu enfoque de la resolución de problemas.
- Mira cada uno de los lados de una situación o dificultad, sobre todo la menos explorada. Ello te ayudará a disparar tu creatividad para solucionar una necesidad dada ¡es el secreto de los inventores!
- Acepta el cambio y abraza nuevos retos.

Crea tus propias condiciones

Cuba es una tierra de gente buena, de gente de bien, de gente humilde y trabajadora. De personas serviciales y abiertas, que te abren la puerta de su casa y te brindan un café. Desgraciadamente, el comunismo degradó a generaciones e impulsó aspectos y prácticas cuestionables que hoy los cubanos ejercen por necesidad.

No obstante, yo no pasé hambre en Cuba. De mis padres y de mi propia experiencia aprendí que uno crea sus propias condiciones, por muchas dificultades o carencias que haya alrededor de ti. En casa teníamos un organopónico, que se llama, donde sembrábamos nuestras legumbres, tomate, lechuga y hasta pepino; a su vez, criábamos pollos y cerdos en la casa de mi abuela.

Cuando Cuba estaba en su peor momento y nadie tenía ni jabón ni champú, en mi casa se fabricaba jabón. Mi tío, el hermano de mi mamá, de profesión ingeniero químico, inventó una receta que preparaba en una caldera dispuesta en el patio. Mientras, mi madre hacía champú orgánico de cáscaras de naranja. ¡Y se resolvía!

Lo que quiero expresar con estos recuerdos es que, pese a la situación del entorno, siempre está en tus manos crear tus propias circunstancias y echar para adelante. No importa lo que la vida te depare, elige cómo responder. Allí la curiosidad es clave: cuestiona, pregunta, busca lo maravilloso en lo aparentemente común y anodino.

Si te encuentras en una situación difícil, parecerá que no hay salida. Pero si das un paso atrás y analizas la situación objetivamente, a menudo descubrirás que hay opciones disponibles, que estaban ahí y que solo había que buscarlas.

Es fácil sentir que la vida nos pasa a nosotros, que solo estamos en el camino. Pero la verdad es que tenemos más control de lo que creemos. Sí, hay cosas que suceden y que están fuera de nuestro control; por ejemplo, el sofocante y devastador régimen comunista cubano donde yo nací, pero la forma en que reaccionamos ante ellas depende de nosotros. Podemos optar por dejar que nos definan o condenen. Pero también tenemos la capacidad y el deber con nosotros mismos -y con los demás- de superarlas.

No es fácil, pero siempre merece la pena. Cuando tomamos las riendas de nuestra vida, abrimos un mundo de posibilidades, tal y como te conté con las soluciones familiares a la situación de escasez.

Siempre podemos empezar a trabajar por cubrir nuestras necesidades y las de nuestro entorno, actitud que nos abre el camino hacia nuestros más altos sueños.

Ir de lo pequeño a lo grande, del oficio al anhelo, del trabajo al propósito más alto. Desde la propia cotidianidad, con ingenio y objetivos claros, podemos aprender cosas nuevas y crecer de formas que nunca creímos posibles.

Así que no esperes a que la vida ocurra, ¡haz que ocurra! Toma el control y vive la vida que quieres vivir. Tomar el control de tus circunstancias te da poder, y te ayuda a avanzar en la vida incluso cuando las cosas parecen imposibles. Así que recuerda siempre, no importa cómo sea la situación, siempre tienes el poder de crear tus propias circunstancias y elegir tu propio camino en la vida:

1. EVALÚA TU SITUACIÓN
2. OBJETIVOS REALISTAS
3. ¡PASA A LA ACCIÓN!
4. SÉ PERSISTENTE
5. APRENDE DE TUS ERRORES
6. RODÉATE DE GENTE POSITIVA
7. AGRADECE LO QUE TIENES

1. Evalúa tu situación actual e identifica las áreas que necesitan mejorar.
2. Establece objetivos realistas para ti mismo y desarrolla un plan para alcanzarlos.
3. ¡Pasa a la acción! No esperes a que las cosas sucedan, haz que sucedan.
4. Sé persistente y no te rindas incluso cuando las cosas se pongan difíciles.
5. Aprende de tus errores y utilízalos como oportunidades para crecer y mejorar.
6. Rodéate de gente positiva que te apoye y anime.
7. Agradece lo que tienes y céntrate en lo bueno.

¡De eso y más te quiero hablar en las siguientes páginas!

CÓRTALA

Tips para crear tus propias condiciones

- Sigue a tu corazón.
- Vive la vida en tus propios términos.
- No dejes que nadie controle tu felicidad.
- Sé fiel a ti mismo.
- Sé justo y haz lo que te parezca correcto.
- Confía en tu instinto.
- Vive el presente, disfrutando de cada día.
- Aprovecha al máximo cada oportunidad.

ÁMATE PRIMERO A TI

El aspecto clave en tu vida eres tú mismo. Sin una autoestima robusta, los intentos de superación serán fallidos.

Por qué dedicar un capítulo al amor propio y la autoestima? Fácil: la gente con baja autoestima permanece en relaciones o trabajos abusivos porque cree que no se merece algo mejor.

Es difícil salir del ciclo de la baja autoestima. Cuando no nos sentimos bien con nosotros mismos, es fácil quedar atrapados en un patrón de pensamiento negativo y comportamiento destructivo. Podemos empezar a creer que no somos lo suficientemente buenos, y que no tiene sentido intentar mejorar nuestra situación.

A las personas con un amor propio deficiente les será difícil -por no decir imposible- cortar con las cadenas que las mantienen presas del conformismo, la mediocridad y el abuso de otros.

A su vez, una autoestima saludable es esencial para una vida plena: nos permite estar seguros y orgullosos de nosotros mismos, nos da la fuerza para superar situaciones difíciles y el valor para perseguir nuestros sueños. Y lo que es más importante, nos permite querernos y aceptarnos por lo que hacemos y somos.

Parecerá que estamos atrapados en un ciclo interminable de dudas y desesperación. Sin embargo, es posible liberarse de este ciclo y aprender a valorar nuestras capacidades, talentos, sentimientos y acciones. Llevará tiempo y esfuerzo, pero merece la pena recuperar nuestro poder y nuestra vida.

¿Qué es la autoestima?

La autoestima es un término utilizado en psicología para referirse a la evaluación general de una persona sobre su propia valía. Incluye tanto evaluaciones positivas como negativas de uno mismo, pero generalmente se considera como la forma en que nos vemos a nosotros mismos.

La autoestima está influida por una serie de factores, como nuestra educación, nuestras relaciones y nuestros logros. También se cree que desempeña un papel en la forma en que afrontamos el estrés y la adversidad.

Las personas con una alta autoestima son más resistentes, porque creen en su propia capacidad para hacer frente a las dificultades.

Aunque no existe una definición única de la autoestima, generalmente se considera que es una combinación de nuestros pensamientos, sentimientos y comportamientos hacia nosotros mismos. En términos simples, es cómo nos autovaloramos y cómo creemos que nos ven los demás.

Señales de una autoestima saludable

Las personas con baja autoestima pueden tener dificultades en alcanzar sus metas, y hasta presentar problemas de depresión y ansiedad. Como bien dijo el escritor y médico estadounidense Maxwell Maltz: "La baja autoestima es como conducir a través de la vida con tu mano rota".

Por el contrario, la persona que se ama bien a sí misma presenta los siguientes beneficios y características:

- Una persona con buena autoestima es alguien que tiene confianza y seguridad en sí misma. Cree en sus propias capacidades y en su valor, y no deja que las opiniones de los demás le frenen.

- Las personas con una alta autoestima suelen tener éxito en sus proyectos, porque tienen el valor de asumir riesgos y la capacidad de recuperación para superar los contratiempos. Han cultivado la resiliencia.

- También suelen ser más felices y estar más satisfechos con sus vidas, porque no se comparan constantemente con los demás. En cambio, se centran en sus propios puntos fuertes y logros.

- Aceptan tanto los cumplidos como las críticas porque se sienten cómodas en su propia piel y saben que todo el mundo comete errores.

- Quien tiene buena autoestima sabe que no es perfecto y está bien con eso. No tiene que demostrarle a nadie más una supuesta e imposible perfección.

- Conocen su propia valía y no permiten que los demás las definan.

- Las personas con una buena autoestima también suelen ser empáticas y amables con los demás, ya que entienden que cada uno libra sus propias batallas.

- No están pendientes de los demás, porque valoran y disfrutan su propia vida y circunstancias.

- Aprenden durante toda la vida, buscando siempre mejorar de alguna manera.

Fortalece tu amor propio

La autoestima es algo que todos tenemos, pero no siempre es fácil de mantener. Si no estás satisfecho con tu autoestima y sientes que por eso no cortas situaciones y creencias limitantes que impiden alcanzar la plenitud, hay acciones a poner en práctica para mejorarla:

ACÉPTATE
NO TE COMPARES
CELEBRA TUS LOGROS
CUIDA TU CUERPO
COMPROMÉTETE CONTIGO

Aceptarte a ti mismo

Todos tenemos defectos. Tal vez no te guste la forma en que tu nariz se curva hacia la izquierda, o tal vez desees ser más alto o bajo. Quizá te enfades con demasiada facilidad o te cueste mantener tus objetivos. Sean cuales sean tus defectos, recuerda que nadie es perfecto.

Todos tenemos cosas de nosotros mismos que nos gustaría cambiar. Sin embargo, aceptarse a sí mismo es un paso esencial para mejorar la autoestima y cortar de raíz las situaciones que nada suman a tu vida.

Aprender a quererse a uno mismo, con sus defectos y todo, es un viaje que requiere tiempo y paciencia. Pero bien que vale la recompensa.

Cuando te mires al espejo y veas a una persona hermosa y única mirándote, sabrás que has progresado de verdad. Así que tómate tu tiempo y sé amable contigo mismo. Y es que aceptarnos por completo (defectos incluidos) es la base de una amistad duradera contigo mismo: cuando aceptamos lo que somos, no hay lugar para las expectativas de los demás.

Una amiga siempre repite algo que me parece gracioso y muy verdadero, pero una gran verdad: "Yo soy la persona que me cae mejor".

Aceptarse a uno mismo es como oxígeno fresco para la mente y, según estudios, hasta libera hormonas que nos hacen sentir satisfechos y saludables. Así que sé amable contigo mismo. Para ello, te sugiero las siguientes prácticas:

- Háblate a ti mismo como lo harías con un buen amigo.
- Intenta no juzgarte ni criticarte con demasiada dureza.
- Date un respiro y muéstrate compasivo y comprensivo.
- Elogiate por los logros que tuviste hoy, así sean pequeños. Y también por las grandes cosas que has conseguido. ¡Recuerda que fuiste el ganador entre millones de espermatozoides que no llegaron!

No te compares

Es fácil caer en la trampa de compararse con otras personas. Quizá veas a alguien que parece tenerlo todo controlado y no puedas evitar sentir una punzada de celos. O tal vez tengas problemas con una tarea concreta y no puedas evitar preguntarte por qué parece tan fácil para los demás.

Pero la comparación es un juego peligroso, que casi garantiza que te hará sentirte mal contigo. Después de todo, no hay forma de saber lo que está pensando otra persona y pensando en realidad. ¡Recuerda que cada cual tiene sus propias goteras!

Así que, en lugar de preocuparte por cómo te comparas con otras personas, céntrate en tus propios objetivos y logros. Es la forma más segura de aumentar tu confianza y sentirte satisfecho con lo que has hecho, con tus decisiones y expectativas.

CÓRTALA

Identifica tus fortalezas

Es importante conocer tus puntos fuertes para reforzar tu autoestima. Para encontrar tus puntos fuertes, piensa en cinco logros que hayas conseguido en tu vida. También, considera qué características personales fueron necesarias para alcanzar cada éxito.

Por ejemplo, si terminaste tu carrera trabajando, quizá seas organizado y disciplinado. Si aprendiste a cocinar solo, sin duda eres independiente e ingenioso. Si conseguiste seducir a tu pareja, es que eres confiado y encantador.

Reconocer tus puntos fuertes te ayudará a sentirte bien con tu persona y te dará la motivación para conseguir todavía más. Así que no tengas miedo de darte una palmadita en la espalda de vez en cuando. Será lo mejor que puedas hacer por ti.

Celebra tus pequeñas victorias

Es fácil dejarse llevar por las grandes cosas de la vida: los plazos del trabajo, los problemas de pareja, los sustos de salud. Pero también recuerda las pequeñas victorias que a menudo damos por sentadas, y que marcan una gran diferencia en nuestro estado de ánimo y bienestar general.

Despertarse a tiempo, cocinar una comida deliciosa, completar una tarea en el trabajo... Pueden parecer logros triviales, pero ayudan a aumentar nuestra confianza y a reforzar nuestras capacidades y talentos únicos y nuestro sentido de orgullo propio.

En un mundo que suele ser abrumador y estresante, celebrar las pequeñas cosas es una gran manera de encontrar momentos de alegría y de satisfacciones personales. Así que la próxima vez que tengas un buen día, tómate un momento para apreciarlo: tu futuro te lo agradecerá.

CÓRTALA

¡Mímate!

Todos conocemos la sensación de estar estresados y quemados. Estamos tan metidos en el día a día que nos olvidamos de cuidarnos a nosotros mismos. ¿Cuándo fue la última vez que hiciste algo solo para ti? ¿Algo que te hiciera feliz, sin segundas intenciones?

Es importante mimarse de vez en cuando y hacer cosas que nos hagan sentir bien. Desde algo tan sencillo como darse un largo baño, leer tu libro favorito o dar un paseo por la naturaleza.

Cuida tu cuerpo

No es ningún secreto que el ejercicio es bueno para la salud física, pero ¿sabías que también tiene un profundo efecto en el bienestar mental y emocional?

Estudios de diversas disciplinas han demostrado que el ejercicio regular ayuda a mejorar la autoestima, reducir la ansiedad y aumentar el autocontrol.

Así que, si buscas una forma de aumentar tu confianza, ve al gimnasio, sal a correr, juega con tus niños o pasea enérgicamente con tu perro. Solo unos minutos de ejercicio moderado al día marcarán la diferencia.

Comprométete contigo

1. Escribe una carta en la que describas todo lo que no te gusta de ti. Empieza hablando de tu aspecto físico y luego pasa a los rasgos de tu personalidad. Asegúrate de imprimirle honestidad y sinceridad a tu carta.

2. A continuación, revela todo lo que no te gusta de ti. Esto podría incluir lo que consideras tus defectos físicos y conductuales, tus malos hábitos e incluso tus miedos. De nuevo, la sinceridad es la clave.

3. Por último, cierra la carta hablando de cómo esperas mejorar esas cosas. Sé positivo y optimista, y describe cómo vas a trabajar para cambiar las cosas que menos te gustan de tu personalidad. Te pongo un ejemplo

de cómo podría ser esta carta, aunque, claro, siempre ajustada a tus expectativas:

Querido yo,

Hay muchas cosas de mí que no me gustan. No me gusta mi aspecto, mi sonido y mi forma de pensar. Siento que siempre meto la pata, y parece que nunca puedo hacer nada bien.

Sé que tengo que perdonarme por todo esto, ¡pero es tan difícil! Siento que estoy atrapada en este ciclo cerrado de auto-odio y culpa. Pero tal vez, solo tal vez, hay una salida. Cuando encuentre una manera de aceptarme a mí misma, con todos mis defectos, la aceptación será más fácil.

Así que lucharé por empezar de nuevo. Por darme un respiro y ser más compasiva conmigo misma. Por aprender a perdonar y seguir adelante con mis errores. A partir de este momento, prometo intentar verme con ojos más amables. De seguro, algún día empezará a gustarme la persona que veo en el espejo.

Sinceramente,

Yo

CORTA CON TUS CREENCIAS LIMITANTES

Los pensamientos negativos limitan las oportunidades. Reconócelos y supéralos para alcanzar una vida plena.

TENAY RODRÍGUEZ

Crees que no eres lo suficientemente inteligente, talentoso o bueno para tener éxito? ¿Piensas que es imposible cambiar, que las cosas siempre serán iguales? ¿Consideras que tus circunstancias son inflexibles y te abruman? Déjame decirte algo: ¡estás siendo víctima de tus creencias y pensamientos limitantes!

Todos tenemos creencias autolimitantes y pensamientos que nos decimos a nosotros mismos y que nos impiden lograr nuestros objetivos o alcanzar todo nuestro potencial. Estas creencias son increíblemente poderosas e impiden que nos arriesguemos, que desafiemos nuestras capacidades o que intentemos cosas nuevas.

Pero, ¿y si pudiéramos eliminarlas? ¿Y si pudiéramos superar estas creencias autolimitadoras y sustituirlas por ideas potenciadoras? De eso trata este capítulo. De explorar las creencias limitantes que nos frenan y de encontrar nuevas formas de pensar en nosotros mismos para construir nuestro futuro.

¿Qué son las creencias limitantes?

Una creencia limitante es un pensamiento que limita tu capacidad de ver posibilidades, emprender acciones o alcanzar el éxito. Estas creencias suelen basarse en experiencias pasadas, en la "mentalidad de la familia", en los mensajes de figuras a quienes admiramos y que vamos cosechando desde nuestra niñez.

El término fue acuñado por el Dr. Maxwell Maltz en su libro *Psico-Cibernética*, de 1960. Se trata de una convicción no siempre realista y poco benévola que tenemos sobre nosotros mismos y que limita nuestra capacidad de desarrollarnos y prosperar a partir de nuestros talentos, cualidades y lo que nos diferencia positivamente de los otros, es decir, de nuestro potencial único.

Maltz postuló que todas las personas tenemos ciertas creencias autolimitantes que se formaron durante nuestra infancia. Generalment están basadas en los mensajes que recibimos de nuestros padres, familiares, maestros, profesores y otras figuras de autoridad.

Estos mensajes pueden haber sido transmitidos directamente (por ejemplo, "no eres lo suficientemente metódico y organizado para ir a la universidad", o ante un erros asestar la frase "eres un completo desastre") o indirectamente (por ejemplo, al presenciar cómo se le decía a otra persona que no era lo suficientemente buena). Con el tiempo, interiorizamos estos mensajes y se van integrando a nuestro propio sistema de creencias.

Las creencias autolimitadoras hacen que dudemos de nosotros mismos, que nos sintamos indignos y no merecedores del éxito, y que terminemos renunciando a nuestros sueños.

"Aprendemos nuestros sistemas de creencias siendo niños muy pequeños, y luego nos movemos por la vida creando o persiguiendo experiencias para que coincidan con nuestras creencias", afirmó la escritora y oradora estadounidense Louise Hay.

Afortunadamente, podemos elegir desafiar y cambiar nuestras creencias limitantes. Pero hay que empezar desde el principio: saber reconocer los pensamientos que nos autosabotean.

Al tomar conciencia de los mensajes negativos que hemos interiorizado en el transcurso de nuestras vidas, podemos empezar a cuestionarlos y sustituirlos por creencias más potentes y edificadoras.

Cuando hacemos esto, abrimos la posibilidad de conseguir lo que nos propongamos, siempre y cuando al pensamiento positivo le sumemos voluntad y disciplina, ¡una ecuación ganadora!

Tipos de creencias limitantes

Hay dos tipos principales de creencias limitantes: las creencias autolimitantes y las creencias limitantes externas.

- **Las creencias autolimitantes** son las que tenemos sobre nosotros mismos. Pueden basarse en nuestras experiencias pasadas o en lo que nos han dicho otras personas.

- **Las creencias limitantes externas** son las que tenemos sobre el mundo que nos rodea. Pueden basarse en nuestras observaciones o en lo que nos han enseñado.

A partir de estos dos tipos de creencias limitantes, a continuación te cito algunos ejemplos de cómo se manifiestan en nuestra mente:

- No soy lo suficientemente bueno.
- No me lo merezco.
- No es posible para mí.
- No soy lo suficientemente inteligente.
- No soy digno.
- No puedo hacerlo.
- ¿Quién soy yo para lograr tal cosa?
- Es demasiado difícil para mí.
- No soy lo suficientemente _____ (rellena el espacio en blanco).
- No tengo lo que hay que tener para _____ (rellena el espacio en blanco).
- Esto nunca va a funcionar para mí.

Las creencias limitantes nos harán sentir atascados, impotentes y desesperados, rindiéndonos incluso antes de empezar. Afortunadamente, ¡hay muchas estrategias, actitudes y acciones para combatirlas!

Aprende a superar tus creencias limitantes

Bill Gates nació en una familia de informáticos. Según sus biógrafos, sus padres siempre le dijeron que era muy inteligente y creativo y que podía hacer cualquier cosa que se propusiera. Esto le hizo creer que podía lograr metas ambiciosas y asumir retos desafiantes. Y, de hecho, el fundador de Microsoft y del sistema operativo Windows nos cambió el mundo para siempre.

De pequeño, a Bill le encantaba trastear con los ordenadores. Se pasaba horas en su habitación programando y depurando diferentes programas informáticos. Cuando estaba en el instituto educativo, Bill ya había creado su propia empresa de software.

A lo largo de su vida, el también conocido por su altruismo, continúa siendo un pionero en la industria tecnológica. Fundó Microsoft Corporation con solo 20 años y contribuyó a que la informática personal fuera una realidad para millones de personas en todo el mundo. Hoy, Bill Gates es conocido como una de las personas más ricas e influyentes del planeta.

Gates es una inspiración para todos, ya que demuestra que, además del trabajo duro y la determinación, las creencias potenciadoras que forjó desde pequeño en su hogar le abrieron el camino a lo que hoy es.

Por supuesto que no todos seremos un Bill Gates, solo quiero resaltar lo tremendamente valiosos que son los mensajes potenciadores en una mente creativa, curiosa y soñadora. Así que, si desde la infancia te has alimentado de creencias limitantes, es momento de derribarlas y poner en su lugar creencias potenciadoras es decir, que te permitan exprimir tu poder creador para dejar un impacto positivo en el mundo, para hacer que tu vida cuente.

El hecho de que hayas tenido ciertas experiencias en el pasado no significa que tengan que dictar tu futuro: elige pensar de forma diferente y liberarte de esas limitaciones autoimpuestas. No será fácil, pero definitivamente es posible. Solo tienes que ir paso a paso y creer en ti.

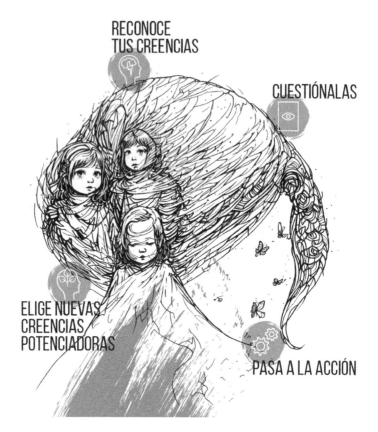

Reconoce tus creencias

El primer paso es tomar conciencia de tus creencias limitantes. Esto requiere algo de introspección y autorreflexión honesta. Comienza reconociendo y nombrando, esto es importante, los pensamientos que te limitan de alguna manera o que te impiden conseguir lo que quieres. Una vez que somos conscientes de las creencias que nos frenan, podemos empezar a desafiarlas. ¿Por qué las creemos? ¿Son realmente ciertas?

"Muchas personas son apasionadas, pero debido a sus creencias limitantes sobre quiénes son y lo que pueden hacer, nunca toman medidas o decisiones para convertir sus sueños en realidad", nos ha dejado claro el popular motivador estadounidense Tony Robbins. Aquí el pensamiento crítico y autocuestionador es vital, porque cuando empezamos a cuestionar nuestras creencias, abrimos la posibilidad de cambiarlas.

Cuestiona tus creencias

Todos los días nos bombardea un sinfín de pensamientos. Muchos de estos pensamientos son negativos, autodestructivos o castradoress, y nos dicen que no somos lo suficientemente buenos, que no podemos alcanzar nuestros objetivos o que el éxito solo le sonríe a los demás. Sin embargo, nuestros pensamientos son solo pensamientos, no son necesariamente precisos o verdaderos.

Solo porque tengas un pensamiento negativo no significa que debas creerlo. En su lugar, da un paso atrás y examina tus pensamientos de forma crítica. ¿Tienen algo de verdad? ¿O no son más que mi voz interior tratando de retenerme? ¿Por qué creo esto de mí? ¿Están mis creencias basadas en hechos o en suposiciones? ¿Me sirven o me frenan? Si ves que tus pensamientos son a menudo negativos, haz un esfuerzo consciente para empezar a cambiarlos.

Si sigues esta práctica consciente, poco a poco empezarás a enfocar las situaciones de forma más positiva. Y a medida que lo hagas, descubrirás que tu realidad empieza a cambiar a mejor. ¿Por qué? Simplemente porque verás perspectivas más edificantes y prometedoras, lo que te conectará con gentes, situaciones y energías constructivas.

Pero, repito, primero lo primero: es clave cuestionar tus creencias para poder determinar si son realmente útiles o perjudiciales. Y poder abrazar lo que te impulse a creer en ti y crecer.

Elige tus nuevas creencias potenciadoras

Tienes el poder de elegir lo que crees. Después de haber identificado y cuestionado tus creencias, decide creer algo diferente. Sí, creer en que puedes es una decisión, tan simple como eso. Decide creer que todo es posible si estás dispuesto a trabajar lo suficiente. La elección depende de ti.

Eso sí: cuando se trata de elegir nuevas creencias, es importante ser consciente de lo que realmente te dará poder. Mucha gente elige creencias que les hacen sentir bien en el momento, pero que en realidad no conducen a ningún cambio positivo en sus vidas ni en su entorno.

Por ejemplo, alguien puede creer que "me merezco un aumento de sueldo" sin esforzarse por conseguirlo. Este tipo de creencia la hará sentir bien en el momento, pero no es una creencia empoderadora porque no conduce a tomar acción, a trabajar por ello.

En su lugar, elige creencias que realmente te capaciten para actuar según tus intereses y crear los cambios que quieres ver en tu vida. Por ejemplo, "Soy capaz de conseguir lo que me proponga" es una creencia potenciadora porque te llevará a perseguir tus objetivos con confianza en ti mismo. Siempre y cuando, eso sí, tomes la determinación de trabajar por conseguir aquello que quieres.

> ## CÓRTALA
> **Descubre quién eres y tu propósito**
>
> No hay nadie más como tú en el mundo. Tienes tus propios talentos y habilidades especiales que nadie más tiene. Y tu trabajo es descubrir cuáles son y utilizarlos para marcar la diferencia en el mundo.
>
> El primer paso para descubrir tu propósito es conocerte a ti mismo. ¿Quién eres? ¿Cuáles son tus valores? ¿Qué defiendes? Una vez que te respondas, empezarás a encontrar formas de utilizar tus talentos y habilidades para dejar un impacto positivo a tu paso. Te han puesto en esta tierra por una razón. Averigua lo que es y empieza a actuar para cumplir tu propósito.

Pasa a la acción

Una vez que hayas elegido las creencias potenciadoras, es importante emprender acciones coherentes con esas creencias. Si crees que lograrás cumplir las metas y sueños que te plantees, entonces empieza a dar pasos firmes hacia esos objetivos.

Si crees que mereces la felicidad y el amor, entonces empieza a acercarte a los demás y permítete ser vulnerable. Las creencias se convierten en realidad cuando actuamos de forma coherente con ellas.

Reserva un tiempo cada día para trabajar en tus objetivos, o emprender acciones específicas que te ayuden a acercarte a esos objetivos, por pequeños o específicos que te parezcan. Sea lo que sea, actuar desde ya te ayudará a convertir tus buenas creencias en realidad.

Hazlo poco a poco, sin angustiarte en caso de que no logres de inmediato lo que quieres, que la mejor sazón se cuece a fuego lento. Y recuerda que para llegar lejos simplemente hay que dar el primer paso y recorrer el viaje a tu objetivo sin prisas, pero sin pausa, como bien nos lo ilustra la fábula de la liebre y la tortuga.

CÓRTALA
Crea tu plan de acción

Ahora... ¿cómo crear y seguir un plan de acción para actuar en concordancia con tus creencias potenciadoras? Aquí tienes algunos pasos para empezar:

1. **Define tus objetivos.** ¿Qué quieres conseguir? Sé específico y realista en tus objetivos.

2. **Desarrolla un plan de acción.** ¿Cómo vas a conseguir tus objetivos? ¿Qué pasos vas a dar hoy? ¿Quién será el responsable de cada tarea? ¿Cuándo completarás cada tarea?

3. **Pon tu plan en marcha.** Empieza a dar pasos para conseguir tus objetivos. Asegúrate de hacer un seguimiento de tus progresos y de revisar tu plan cuando sea necesario.

4. **¡Celebra tu éxito!** Lograr tus objetivos es un motivo de celebración. Tómate el tiempo necesario para disfrutar de tus logros y establecer nuevos objetivos para seguir creciendo y avanzando.

Completar estos pasos te ayudará a crear y seguir un plan de acción eficaz para alcanzar tus objetivos de la mano de tus creencias potenciadoras.

MITOS A CORTAR
¡YA!

Algunos de los consejos sobre "vivir una vida" plena se basan en mitos que podrían encaminarte a la frustración.

TENAY RODRÍGUEZ

Mi amiga Martha acababa de terminar la universidad y buscaba trabajo. Se presentó a muchos sitios, pero no recibió ninguna llamada. Empezó a pensar que tal vez se debía a que no tenía suficiente experiencia, más allá de las pasantías.

A medida que la rechazaban en uno y otro empleo, se convenció a sí misma de que nunca alcanzaría el trabajo de sus sueños pues "le faltaba experiencia". "Mejor me dedico a otra cosa y sanseacabó", me confiesa que llegó a pensar en cierta oportunidad.

Le respondí que, si quería salir adelante en la vida, tenía que conseguir el trabajo que quería y por el que había estudiado, que nada hacía con justificarse mentalmente. Fue el empujón que le faltaba para sacudir su pensamiento conformista y echar mano del apoyo de su grupo de colegas, de una intensa búsqueda de trabajo en Internet y hasta en las redes sociales.

Al cabo de un par de semanas, encontró una oferta de prácticas -de su rubro profesional- en una empresa local. Aunque no era un puesto permanente, se presentó y consiguió el empleo. Estaba emocionada por empezar a trabajar y aprender cosas nuevas. Con el tiempo, Marta demostró ser valiosa en sus prácticas y finalmente le ofrecieron un puesto a tiempo completo. Ahora está contenta con su elección de carrera y sabe que ser joven no significa que no se pueda tener éxito.

Con este ejemplo de la vida real quiero expresar que mi amiga decidió cortar con el mito de que la edad o la inexperiencia son barreras infranqueables para alcanzar sus expectativas de vida. El poder de cambiar tus propias circunstancias comienza en el cerebro y la voluntad, como queda demostrado en esta anécdota, donde "la falta de experiencia" es un obstáculo que Martha pudo remover muy bien de su camino profesional, porque simplemente tomó la decisión hacerlo.

De allí que en las siguientes páginas me dedique a desmontar ese mito y otros similares que impiden de alguna manera trazarnos una senda de éxito y vivir una existencia verdaderamente plena:

"El dinero es malo"

Mucha gente piensa que los que tienen dinero son codiciosos, egoístas e infelices. Sin embargo, ¡esto no es cierto en absoluto! Esa creencia ha calado en muchas personas, ¡sobre todo en aquellas que no lo tienen como una manera de conformarse! Y no es cierta porque el dinero es solo un medio y como tal resalta el egoísmo del egoísta y la generosidad del bondadoso.

Es como el poder, que muestra la verdadera naturaleza de quien lo posee: puede utilizarlo para bien o para mal según su calidad personal. Así que córtala ya, pues este es un mito que hace infelices a muchas personas, sumiéndolas en la pasiva aceptación de la pobreza o la escasez.

El dinero te ayuda a vivir mejor, darte seguridad, cursar buenos estudios, permitirte viajar y experimentar cosas nuevas, e incluso ayudarte a ser más generoso y caritativo.

La frase "más vale pobre y honrado que rico y malvado" se usa a menudo para describir a alguien rico que se considera inmoral y hasta sin escrúpulos. Si bien es cierto que hay ciertas personas que obtienen su riqueza por medios nefastos, esto no significa que la gente rica sean mala.

Para muestra, Bill Gates, uno de los hombres más ricos del mundo, pero también uno de los más grandes filántropos de nuestra era. Y también te puedo nombrar al magnate Warren Buffett, quien, en solo cinco años, donó 14.700 millones de dólares a organizaciones que luchan contra la pobreza y en pro de la salud.

El dinero es simplemente un bien de intercambio, y lo importante es por qué lo intercambiamos. Así que no culpemos al dinero de nuestros problemas: centrémonos en resolverlos.

Hay muchas personas que han trabajado duro y se han sacrificado para ganar su dinero, y no deben ser agrupadas con quienes han obtenido su riqueza por medios ilegales o poco éticos. La economía no es un juego de suma cero, en el que la ganancia de una persona se produce necesariamente a expensas de otra.

Por el contrario, es posible que todos se beneficien de la actividad económica. Por lo tanto, es injusto pintar a todos los ricos con la misma brocha y asumir que todos son poco éticos o inmorales.

En su libro *Conéctate con el dinero*, el reconocido divulgador científico Jürgen Klarić da ciertas claves para reconciliarse con el dinero, en caso de que tú seas de esas personas que maneja la idea errónea de que el dinero es la raíz de todo mal.

- El dinero no solo sirve para comprar coches o casas bonitas, sino que sirve para lograr la armonía con los demás, eliminando todo tipo de problemas que aquejan a la sociedad actual, como las malas deudas y la desigualdad.

- Una persona de mentalidad pobre gastará un dólar tan rápido como lo reciba, mientras que una persona de mentalidad rica pensará en las diversas formas de aumentar sus ingresos antes de dar el regalo inicial de 100 dólares.

- Busca el equilibrio: tenemos que atender todos los aspectos de nuestra vida, incluida la familia, la salud, la espiritualidad... y el dinero. Si solo nos centramos en un aspecto, acabaremos por desequilibrarnos y hundirnos. Por ejemplo, si nos centramos en nuestra familia y descuidamos nuestra salud, espiritualidad o dinero, tarde o temprano nos sumimos en un estado calamitoso, arrastrando a nuestra familia en ello.

Así que no tengas miedo del dinero; ¡abrázalo! Y si alguna vez te encuentras en una situación en la que no tienes suficiente, no te preocupes: trabaja duro y ahorra hasta que lo tengas.

"El dinero llama dinero"

Mark Zuckerberg era un estudiante universitario modesto cuando creó Facebook. Vivía en un dormitorio y no tenía dinero. Pero evidentemente acariciaba una gran idea y la persiguió con determinación.

A Zuckerberg siempre le interesaron los ordenadores y amaba programar. Cuando estudiaba primer año de Ciencias de la Computación, en la Universidad de Harvard, se le ocurrió la idea de Facebook y creó un sitio web en el que sus compañeros del campus podían conectarse en línea.

Al principio, nadie quería utilizar el sitio de Zuckerberg. Pero él siguió trabajando en él, y finalmente se puso de moda. La gente empezó a utilizar Facebook para estar conectada con sus amigos y familiares.

Zuckerberg se hizo multimillonario cuando Facebook salió a bolsa en 2012. Y hoy es el imperio que todos conocemos y que incluye Instagram y esa aplicación en la que chateamos todos los días, WhatsApp.

Este ejemplo derriba el mito según el cual la única manera de ganar dinero es tenerlo ya, o que se es muy joven para comenzar a echar las bases para cosechar una gran fortuna.

No dejes que el mito de que necesitas dinero para ganar dinero te impida perseguir tu meta de una cuenta bancaria generosa y la ansiada solvencia económica.

Por supuesto, es más fácil ganar dinero si ya se tiene algo para invertir, pero no es la única manera: hay muchas historias de personas que empezaron sin nada y construyeron un imperio. "El dinero no te hace feliz, pero relaja los nervios", dio en el blanco el dramaturgo irlandés Sean O' Casey. La clave es anclarte en tu talento y lo que te apasiona, encontrar la oportunidad adecuada y estar dispuesto a trabajar con perseverancia para generar dinero.

"La mujer frente al fogón"

A veces parece que hemos avanzado mucho desde los días en que se esperaba que las mujeres se quedaran en casa y cuidaran del hogar mientras sus maridos iban a trabajar. No obstante, en pleno siglo XXI aún escuchamos frases como que el lugar de la mujer es la cocina fregando platos.

Está claro que aún nos queda mucho camino por recorrer en materia de igualdad de género. Frases como "el lugar de la mujer está en la cocina" se siguen escuchando con ofensiva frecuencia, y las mujeres siguen cobrando mucho menos que los hombres por hacer el mismo trabajo. Incluso si son tan preparadas o talentosas como ellos, y esto sucede desde Hollywood hasta Corea del Sur.

Pero ahora la gran pregunta, ¿cómo lograr ser una persona independiente y dueña de ti misma, especialmente si eres mujer? Una de las cosas más concluyentes para ser más independiente es adquirir conocimientos financieros. Esto significa entender cómo administrar tu dinero, invertir para un emprendimiento con el que atar con buen lazo el futuro y protegerte de las deudas.

También debes esforzarte por vivir dentro de tus posibilidades y ahorrar para los días de lluvia. Además de cultivar conocimientos financieros, también es importante desarrollar habilidades complementarias dentro del área que te apasione para forjar tu independencia y autonomía.

"Estoy muy viejo/a para emprender"

Cuando Warren Buffett era joven, le encantaba aprender sobre inversiones. Pero su familia y sus amigos le decían que era demasiado joven y que debía esperar a ser mayor para comprender el complejo mundo bursátil. Sin embargo, Buffett no los escuchó y siguió estudiando las inversiones hasta que encontró la manera de tener éxito.

Al contrario de Mark Zuckerberg, Buffett no se hizo millonario hasta los 40 años, pero la espera mereció la pena. Si tienes un sueño, no dejes que tu edad te impida perseguirlo: no hay mejor momento que el presente para empezar a trabajar por tus objetivos.

La edad es un mito que ha derribado muchos sueños.

Lo cierto es que nunca se es demasiado viejo para iniciar un negocio o aprender cosas nuevas. Hay muchos empresarios relumbrantes que empezaron más tarde en su vida, y hoy son muy activos y marcan la pauta de las últimas tendencias.

La edad no es sinónimo de lentitud o incapacidad para seguir el ritmo de la vida moderna. De hecho, muchas personas mayores son muy activas y disfrutan llevando una vida ocupada y satisfactoria. Así que la próxima vez que pienses que eres demasiado mayor para emprender algo o abrazar una nueva meta o desafío personal, recuerda que la edad es solo un número.

Aunque algunas personas piensen que son demasiado mayores para emprender un negocio o desarrollar nuevos talentos, hay muchas cosas que aprovechar a medida que envejecemos, como la sabiduría, la experiencia y la red de contactos y afectos que hayamos tejido durante buena parte de nuestra vida. Quienes pese al paso del tiempo mantienen intacto su propósito de servir (por aquello de dejar tras de sí una huella positiva en el mundo) descubren que se sienten más realizados, satisfechos y felices a medida que envejecen.

Acepta tu edad y utilízala a tu favor. Te sorprenderá lo que puedes conseguir.

Ahora te ofrezco algunas recomendaciones para emprender un negocio o desarrollar nuevas habilidades a cualquier edad:

Empieza por lo básico

Empezar por lo básico te ayudará a comprender los conceptos y principios implicados en la habilidad, y a construir una base sobre la que construir conocimientos y habilidades más complejas.

Divide la habilidad en componentes manejables

Cuando estés aprendiendo una nueva habilidad, es útil dividirla en partes más pequeñas y manejables. Esto hará que la tarea de aprender la habilidad sea menos desalentadora, te permitirá centrarte en un aspecto cada vez y, de ñapa, adquirirás experticia de todo el proceso. Cuando la domines, te aseguro que te invadirá una placentera sensación de autoafirmación y satisfacción personal.

Practica, practica, practica

Una de las mejores formas de aprender una nueva habilidad es practicarla con la mayor frecuencia posible. Si logras encontrar una manera de utilizar esa destreza en una situación del mundo real, mejor. Esto ayudará a tu cerebro a aprender y retener mejor la habilidad y a sumarle gracia y soltura.

Busca recursos

Hay muchos libros, sitios web, tutoriales y otros materiales, en línea y offline, que proporcionan información y conocimientos valiosos sobre la habilidad que estás intentando aprender.

"El amor es eterno"

Hay pocas cosas más románticas que la idea del amor eterno: la creencia de que dos personas pueden estar tan profundamente enamoradas que permanecerán juntas para siempre es muy poderosa. Sin embargo, la realidad suele ser muy distinta.

Aunque es posible que dos personas permanezcan enamoradas toda la vida, también es muy raro. Lo más frecuente es que las parejas se distancien con el paso del tiempo y que sus relaciones se diluyan lentamente. Claro que en ocasiones la pasión de los primeros años puede madurar hacia un amor tibio y acogedor.

> *Aunque a menudo pensamos en el amor como algo eterno e inmutable, la verdad es que incluso el amor más fuerte y apasionado puede desvanecerse con el tiempo.*

Hay muchas razones por las que esto ocurre. Una de ellas es que, sencillamente, cambiamos como personas a mientras maduramos. Con el paso de los años, nuestros intereses, objetivos e incluso nuestro aspecto físico pueden cambiar, y esto dificultará el mantenimiento del mismo nivel de pasión que sentíamos antes.

Además, la vida es imprevisible, y a veces las circunstancias en las que nos enamoramos cambian. Si conocemos a alguien cuando somos jóvenes y despreocupados, por ejemplo, es difícil mantener el mismo nivel de emoción cuando somos mayores y tenemos más responsabilidades.

En última instancia, pues, el amor eterno es más un mito que una realidad. Aunque es posible mantener un amor fuerte y duradero, también es importante ser realista sobre los retos que conlleva una relación a largo plazo.

Lo que quiero decirte es que, si una relación no te conviene, es importante que desde ya empieces a convencerte de que ningún amor es eterno. Y que si tienes que cortar con esa persona de la que alguna vez te enamoraste, debes comenzar por desechar el romanticismo facilón que tantas lágrimas genera.

"Necesito un título universitario para triunfar en la vida"

No se puede negar que un título universitario da una ventaja en el mercado laboral. Pero también hay muchas personas con una gran trayectoria de éxito que nunca pisaron un campus universitario.

Por ejemplo, Oprah Winfrey, que superó una infancia difícil y una juventud de carencias y abusos para convertirse en una de las mujeres más ricas y poderosas de Estados Unidos. Ella no necesitó un título universitario para lograr que The Oprah Winfrey Show fuese alguna vez el programa de entrevistas más visto en la historia televisiva estadounidense. Solo mantuvo su fe en sí misma... lo ha dicho en varias oportunidades: "Si menosprecias tu vida, te menospreciarán a ti".

Otro de los grandes ejemplos de éxito sin demasiada escuela fue Steve Jobs. En 1972, ingresa en el Reed College de Portland (Oregón). Asistió a la universidad solo durante seis meses antes de abandonar, debido al alto coste de sus estudios. En lugar de volver a casa, siguió asistiendo a clases como oyente durante otros 18 meses, viviendo con unos escasos ingresos.

Durante este tiempo, también se dedicó a la meditación y empezó a leer vorazmente sobre filosofía y religión oriental. Este periodo tuvo una profunda influencia en Jobs, más que los propios estudios universitarios.

Fue durante esta época cuando desarrolló su singular estilo de pensamiento y se interesó por la programación informática. Jobs dijo más tarde que si no hubiera abandonado Reed, se habría convertido en "otro cerebro del sistema". En lugar de eso, fundó Apple Computer con Steve Wozniak en 1976.

Estos ejemplos demuestran que es posible tener éxito profesional pese a no contar con un título universitario. Cada cual tiene un don, es decir, aquello que sabe hacer mejor que nadie y que le fascina hacerlo. Si descubres el tuyo y le pones pasión y disciplina, podrías convertirte en una referencia en tu área. Así que córtala y no dejes que nadie te diga que necesitas obligatoriamente un título académico para luchar por lo que quieres y ofrecer tu valioso aporte al mundo.

Hay muchas formas de crear un negocio sin necesidad de una carrera universitaria. Lo más importante es tener una idea para un negocio que te apasione y en el que creas.

Una vez que tengas una idea, el siguiente paso es investigar el sector, indagar sobre una necesidad específica que puedas abordar y plantearte cómo podrías ofrecer una solución diferenciada a partir de tus habilidades, herramientas y talento. Aquí tienes algunos consejos que te ayudarán a empezar:

Investiga

Una de las cosas más importantes al iniciar un negocio es investigar tu sector por dentro. Averigua qué necesidad específica en ese campo puedes solucionar y qué hacen los principales actores o competidores. Esto te permitirá comprender mejor lo que debes hacer para ofrecer una solución exitosa. Luego empezar a trazar metas, objetivos y estrategias, así como determinar lo que necesitas y con lo que cuentas para ir bosquejando un plan de emprendimiento sostenible en el tiempo.

Crea un plan de negocio

Un plan de empresa es esencial para cualquier negocio, incluso si no tienes un título universitario. Este documento describirá tus objetivos empresariales, tus estrategias y cómo piensas alcanzarlos. Es importante tener un plan de negocio bien elaborado porque te ayudará a conseguir financiación y a mantener tu emprendimiento enfocado y en marcha. Por supuesto que puedes acudir a profesionales del área -lo importante es que tú tengas claro para qué quieres y adónde quieres llegar con tu propuesta de negocio.

Encuentra financiación

La financiación es una de las cosas más difíciles de obtener cuando se inicia un negocio. Tendrás que poner toda tu creatividad, paciencia y cualidades personales a la hora de buscar el financiamiento de tu negocio. Hay varias opciones disponibles, como los préstamos para pequeñas empresas, las subvenciones e incluso el crowdfunding.

Comercializa tu negocio

El marketing es esencial para cualquier negocio, pero debes estar consciente de que será especialmente difícil cuando estás empezando. Sin embargo no te desanimes: hay muchas maneras de encontrar formas de dar a conocer tu nombre y tu producto, como el marketing online, las redes sociales y los métodos de marketing tradicionales. Aquí la creatividad y el conocimiento de lo que ofreces es clave para enviar un mensaje que conecte con tu mercado objetivo.

"No tendré éxito por inmigrante"

Sergey Brin y Levi Strauss tenían orígenes muy diferentes, pero ambos compartían un mismo afán de logro. Sergey nació en Rusia y a los seis años emigró con su familia a Estados Unidos. Levi nació en Alemania, y cuando solo tenía dieciocho años se marchó a Nueva York con sus dos hermanas y su madre. Ambos tuvieron que superar periodos de pobreza y extrema necesidad, pero nunca renunciaron a sus sueños.

Sergey y Levi acabaron fundando sus propias empresas de éxito: Google y los vaqueros Levi's. Ahora son reconocidos como dos de los empresarios más exitosos de la historia. Aunque proceden de entornos muy diferentes, ambos comparten un rasgo común: además de la determinación, ambos eran inmigrantes.

Te lo digo por experiencia: ser inmigrante es entrar en un mundo completamente nuevo. De repente, te encuentras en un lugar donde no conoces a nadie ni nada. Es una experiencia muy abrumadora y hasta aterradora.

En todo caso, tienes que aprender a desenvolverte en este nuevo entorno y averiguar cómo hacer que funcione para ti. Tienes la oportunidad de conocer gente nueva, aprender cosas nuevas y ver el mundo desde una perspectiva totalmente diferente. Es un proceso duro, pero también emocionante y lleno de potencial. Muchas historias de éxito así lo confirman:

Guillermo Del Toro

Guillermo Del Toro es uno de los inmigrantes más famosos de México y también uno de los directores de mayor éxito que trabajan en Hollywood en la actualidad.

Nacido en Guadalajara en 1964, Del Toro comenzó a causar sensación en el mundo del espectáculo antes de los 30 años con su película *Cronos*. Este éxito le llevó a trasladarse a Estados Unidos, donde dirigió varias superproducciones internacionales como *Bla*e II*, *Hellboy* y *Pacific Rim*. En 2006, ganó el óscar al mejor director y a la mejor película por *El laberinto *el fauno*.

Más recientemente, en 2017, volvió a ganar el óscar al mejor director por *La forma del agua*. Además de ser un director reconocido, Del Toro es también un firme defensor de los inmigrantes. Cuando recibió su estrella en el Paseo de la Fama de Hollywood, enfocó su mensaje en animar a sus compañeros inmigrantes a "creer en sí mismos y a no rendirse nunca."

Los logros de Guillermo Del Toro sirven de inspiración a los inmigrantes de todo el mundo de que, con suficiente dedicación, confianza en su valor personal, perseverancia y fe, es posible obtener grandes logros, no solo para sí, sino para toda la sociedad.

Eduardo Saverin

De nacionalidad brasileña, Saverin nació en Sao Paulo en 1982, pero pasó gran parte de su infancia en Miami. Más tarde asistió a la Universidad de Harvard, donde conoció a Mark Zuckerberg y cofundó la empresa de redes sociales que ahora se conoce como Facebook.

Saverin fue director financiero y de negocios de Facebook durante sus primeros años, antes de separarse de Zuckerberg en medio de circunstancias polémicas. En los últimos años, Saverin ha centrado sus energías en invertir en diversas empresas tecnológicas, muchas de ellas con sede en su Brasil natal.

Aunque ya no desempeña un papel activo en las operaciones cotidianas de Facebook, Saverin sigue siendo uno de los mayores accionistas de la empresa y continúa beneficiándose generosamente de sus éxitos.

Liz Claiborne

Desde que Liz Claiborne era una niña, sabía que quería ser empresaria. Sus padres habían huido de Bélgica en los primeros años de la Segunda Guerra Mundial y ella había visto de primera mano el poder de los negocios.

Tras completar su educación formal, Liz se dirigió a Hollywood, donde trabajó como diseñadora de moda. Rápidamente se hizo un nombre, y en poco tiempo sus diseños eran llevados por mujeres de todo el mundo. En 1976, Liz decidió emprender su propio camino y fundó Liz Claiborne Inc. La empresa revolucionó la forma de vestir de las mujeres trabajadoras, y en pocos años se convirtió en una de las mayores marcas de moda del mundo.

Liz era una mujer de negocios increíble, e incluso después de su fallecimiento en 2007 su empresa siguió prosperando. En 2014, Liz Claiborne Inc. se convirtió oficialmente en Kate Spade & Company.

Los inmigrantes históricamente han desempeñado un papel clave en la sociedad estadounidense. Aportan nuevas ideas y perspectivas, configurando al país positivamente.

Aunque es fácil centrarse en las historias de éxito de los inmigrantes, hay millones más que trabajan día y noche para alcanzar sus sueños. Merecen nuestro apoyo y reconocimiento, ya que están ayudando a hacer de Estados Unidos la gran nación que es.

"Hay que esperar el momento perfecto"

La gente suele pensar que tiene que esperar a que se den las circunstancias ideales para actuar, pero esto no suele ser así. La verdad es que no existe el "momento perfecto". Las cosas siempre van a ser imperfectas, así que es mejor actuar decididamente y afrontar lo que surja lo mejor posible.

No existe el momento perfecto y esperarlo suele ser un error. Lo mejor es pasar a la acción y hacer frente a lo que surja.

Con demasiada frecuencia, esperamos que las cosas se alineen perfectamente antes de pasar a la acción, pero la verdad es que la vida rara vez es perfecta. Si esperamos a que todo sea perfecto, es posible que nunca empecemos. E incluso si llega la oportunidad perfecta, quizá sea demasiado tarde.

En lugar de esperar a que las cosas sean perfectas, busca el potencial de cada oportunidad y ve tras ella con todo lo que tienes. No siempre tendrás éxito, pero nunca lo sabrás si no lo intentas.

Así que no esperes, aprovecha la oportunidad cuando se te presente. Lo importante es que no dejes que el miedo a la imperfección te impida hacer lo que quieres. Si esperas a que todo esté bien, nunca conseguirás hacer nada. Así que adelante, da ese salto de fe: cuanto antes empieces, mejor.

Antes de pasar al siguiente punto, quiero dejarte una frase del gran científico Stephen Hawking, que tengo casi como un mantra cuando me estreso porque las cosas no me salen "perfectas": «Una de las reglas básicas del universo es que nada es perfecto. La perfección simplemente no existe... Sin imperfección, ni tú ni yo existiríamos».

"Todo es cuestión de suerte"

Mucha gente cree que la suerte es algo que está fuera de nuestro control, que algunas personas simplemente nacen con suerte y no hay nada que podamos hacer al respecto. Pero esto no es cierto: lo que llamamos "suerte" no existe, sino que es algo que todos tenemos el poder de crear para nosotros mismos.

Y no se trata solo de estar en el lugar adecuado en el momento adecuado, aunque eso ayudará. Hay cosas que todos podemos hacer para aumentar las posibilidades de triunfar, por ejemplo, establecer objetivos y actuar para conseguirlos ayuda a crear oportunidades para que la suerte entre en nuestras vidas. La suerte no es más que estar preparados para el momento adecuado a nuestras metas y objetivos.

No hay un modo seguro de alcanzar el éxito, pero hay ciertas cosas para mejorar tus posibilidades:

¡Hay que trabajar el éxito!

Algunas personas nacen con un talento o habilidad natural que les da una ventaja, pero para la mayoría de la gente, el éxito es algo que hay que trabajar.

El hecho de que algunas personas parecen encontrar el éxito con más facilidad que otras, no hay que dar por sentado que se consigue sin el trabajo sostenido y bien orientado. Todo el mundo tiene que esforzarse para alcanzar lo que anhela, e incluso las personas con un talento o una habilidad natural tienen que trabajar y poner mucho oficio y tiempo para convertirlo en éxito.

Te traigo el ejemplo del gran Gabriel García Márquez: se encerró en una habitación durante año y medio, dedicado exclusivamente a su obra cumbre, *Cien años de soledad*, ¡de la que desechó centenares de páginas antes de dar con la maravillosa novela que le valió el premio nobel de literatura!

La clave es centrarse en su propio camino y no compararse con los demás. Mantente motivado y dedicado, y acabarás llegando a tu destino.

Desarrollar una fuerte ética de trabajo

Las personas que están dispuestas a realizar el trabajo duro y la dedicación necesaria para triunfar tienen más probabilidades de alcanzar sus objetivos que las que esperan que el éxito les resulte fácil.

Cualquiera que haya alcanzado alguna vez un objetivo difícil sabe que se necesita mucho trabajo y dedicación para conseguirlo. Tanto si se trata de lograr un peso saludable tras duros cambios de hábitos, como de conseguir el trabajo soñado, lograr algo grande requiere una fuerte disciplina y ética de trabajo. Lo que vale cuesta. Al fin y al cabo, si algo fuera fácil, todo el mundo lo haría.

No tengas miedo de correr riesgos

Muchas personas de éxito han asumido riesgos que han merecido la pena, y si no estás dispuesto a asumirlos, quizá nunca alcances lo que anhelas. Así que no tengas miedo de salir de tu zona de confort y arriésgate. ¡Te sorprenderás a ti mismo con lo que eres capaz de lograr!

Para salir de tu zona de confort

Una de las mejores formas de crecer y desarrollarse es salir de la zona de confort. Al asumir nuevos retos, te obligas a aprender cosas nuevas y a ampliar tus habilidades.

Aprender un nuevo idioma es una forma estupenda de desafiarse a sí mismo, ya que obliga a pensar diferente y a procesar la información de manera novedosa. También es muy gratificante, ya que te comunicarás con personas de todo el mundo. Hacer cosas que nunca pensaste que podrías hacer es otra forma estupenda de ponerte a prueba. Ya sea haciendo puenting, paracaidismo o simplemente diciendo lo que piensas. Saliendo de tu zona de confort ganarás confianza y descubrirás talentos ocultos.

Acá mis recomendaciones, te juro que las he probado personalmente, para salir de la asfixiante zona de confort:

Define tu zona de confort

Antes de empezar a salir de tu zona de confort, tienes que identificar qué es exactamente. ¿Cuáles son las cosas de las que sueles huir? ¿Qué te hace sentir incómodo o ansioso? ¿Con que te sientes tan cómodo que no mueves ni un dedo? ¿Qué te hace vivir en modo de piloto automático? Una vez que conozcas bien tu zona de confort personal, podrás empezar a trabajar para ampliarla.

Empieza poco a poco

No intentes abarcarlo todo de una vez. Si te sientes realmente incómodo con la idea del cambio, empieza poco a poco. Elige una cosa que puedas hacer de forma diferente y trabaja para aumentar lentamente tu confianza a partir de ahí. Está bien dar pasos de bebé: con el tiempo, esos pequeños cambios se sumarán a los grandes resultados.

CÓRTALA

Visualiza el éxito

Cuando te sientas dudoso o nervioso, tómate un momento para visualizar tu éxito. Visualízate completando la tarea que tienes entre manos y sintiéndote orgulloso de tu logro. Este ejercicio mental ayuda a reforzar tu valor y darte el impulso que necesitas para pasar a la acción.

Busca un modelo de conducta

¿Conoces a alguien que parezca no tener miedo? ¿Alguien que intenta siempre cosas nuevas y se arriesga? Busca en esa persona inspiración y motivación. Ver que otros que asumen retos conquistan el éxito ayuda a darte cuenta de que también es posible para ti.

Prepárate

No es necesario entrar en una situación a ciegas o como un improvisado. Si sabes lo que puedes esperar, tendrás muchas más probabilidades de tener éxito. Investiga con antelación y elabora un plan de juego. Cuanto más preparado estés, mejor equipado estarás para manejar cualquier situación que se te presente.

Da el primer paso

La parte más difícil suele ser simplemente empezar, el equivalente a la página en blanco para todo escritor. Una vez que des ese primer paso fuera de tu zona de confort, el resto empezará a encajar. Solo sigue avanzando un paso a la vez. Sin prisas, pero sin pausa.

> "¿Te vas a quedar para vestir santos?"

Existe una presión social para casarse, especialmente para las mujeres. ¡Pero eso no significa que tengas que ceder a ella! Puedes ser feliz y realizarte sin tener una relación, siempre y cuando sea tu soberana decisión.

Acepta tu independencia y disfruta de tu vida, alégrate de estar contigo.

Para muchas personas, el camino tradicional hacia la felicidad pasa por casarse y tener hijos. Sin embargo, esta no es la única forma de encontrar la plenitud. Hay muchas personas no casadas que son felices y están contentas con su vida, mientras que hay muchos padres que luchan contra la ansiedad y la depresión. Así que la plenitud personal tiene que ver mucho con una perspectiva vital. Por ello es importante conocerse a sí mismo y saber lo que se quiere.

Siempre que nos centramos en lo que nos hace sentir plenos, podemos crear nuestra propia versión de la felicidad.

Lo importante es encontrar lo que funciona para ti. Si no estás seguro de querer casarte o tener hijos, no pasa nada. Puedes ser feliz sin dar esos pasos. Hay muchas otras cosas por las que luchar en la vida, como nuestras carreras, nuestras aficiones, alguna causa humanitaria y nuestras relaciones con los amigos y la familia.

"Los hombres no lloran"

Otro gran mito que debemos cortar: ellos tienen derecho a expresar sus emociones, y una de las mejores formas de hacerlo es mediante las lágrimas.

Durante demasiado tiempo se les ha dicho a los hombres que "sean hombres" y que repriman sus emociones. Como resultado, muchos hombres sienten que no pueden expresarse, lo que les lleva a sentirse aislados y frustrados.

Pero la verdad es que los hombres tienen tanto derecho a llorar como las mujeres. De hecho, llorar es beneficioso para la salud mental. Nos permite liberar las emociones reprimidas y mejorar nuestro estado de ánimo.

Tanto para ellos como para ellas, acá algunos de los beneficios de liberar tus emociones:

REDUCE LOS NIVELES DE ESTRÉS

FORTALECE LAS RELACIONES

AUMENTA LA CREATIVIDAD

TE AYUDA A SANAR

TE HACE SENTIR VIVO

Reduce los niveles de estrés

Mantener tus emociones reprimidas genera altos niveles de estrés. Esto se debe a que estás reprimiendo constantemente tus sentimientos, lo que pasa factura a tu cuerpo y a tu mente.

Fortalece las relaciones

Esto se debe a que estás siendo abierto y honesto con las personas de tu vida, lo que crea un nivel más profundo de confianza y comprensión.

Aumenta la creatividad

Suprimir tus emociones también limita tu creatividad al no permitirte experimentar plenamente todos tus sentimientos, buenos y malos. Cuando te permites expresar tus emociones, aumentas tu capacidad para tener nuevas ideas y liberar tu imaginación.

Te ayuda a sanar

Al hablar de lo sientes, estás reconociendo el dolor y la herida que has experimentado, lo que te ayudará a superar el dolor y a empezar a sanar.

Te hace sentir vivo

Te ayuda a sentir todos tus sentimientos, lo que da una sensación de vitalidad y energía. Te sentirás más conectado contigo mismo y con el mundo que te rodea.

Cuando compartes tus sentimientos, aprendes más sobre ti mismo y adquieres una visión de la forma en que se sienten los demás. A medida que crezcas y aprendas más sobre ti mismo y sobre los demás, podrás convertirte en una persona más completa, valiosa y realizada.

Llorar es completamente natural y normal. Así que la próxima vez que te sientas abrumado, no tengas miedo de dejar que las lágrimas fluyan. Te sorprenderá lo bien que te sentirás después.

PON LÍMITES

Elige con qué tipo de personas y situaciones te involucras: los límites te devolverán el control de tu vida.

La mayoría de nosotros hemos oído el dicho "las buenas cercas hacen buenos vecinos". Aunque esto es cierto cuando se trata de los límites de la propiedad, también se aplica a relaciones humanas saludables.

Al igual que necesitamos límites físicos para proteger nuestras casas y posesiones, también necesitamos límites emocionales para protegernos de que los demás se aprovechen de nosotros.

Establecer límites es una parte esencial del autocuidado, y es algo que todos deberíamos practicar en nuestras relaciones.

Si definimos claramente lo que vamos a tolerar y lo que no, podemos evitar que se aprovechen de nosotros emocional o físicamente, al tiempo que definimos nuestro perfil y ganamos autoridad ante los demás. Cuando nos defendemos y establecemos límites claros, enviamos el mensaje de que somos dignos de respeto. He aquí algunos ejemplos de situaciones en las que otras personas pueden sobrepasar sus límites:

- Hacer preguntas personales que te hacen sentir incómodo o intimidado.
- Tocarte sin tu consentimiento.
- Invadir tu espacio personal.
- Hacer comentarios sobre tu aspecto o tu cuerpo.
- Comentar tus elecciones de estilo de vida.
- Desdeñar tus opiniones o puntos de vista.
- Incumplir acuerdos mutuos.
- Hablarte fuera de tono.
- Irrespetar tu tiempo y todo lo que hay detrás de este, por ejemplo, con la impuntualidad.

Así que, si te encuentras en una relación o situación en la que constantemente te hacen sentir culpable u obligado, o donde te sientas acosado, da un paso atrás y considera establecer algunos límites oportunos y consistentes. Tu bienestar lo merece. ¡De eso va este capítulo!

Aprende a poner límites

Por estos días ando leyendo el libro "Límites", del Dr. Henry Cloud, donde se resalta la importancia de establecer fronteras en nuestra vida para que no se aprovechen ni abusen de nosotros. Y es cierto todo lo que dice: todos tenemos derecho a decir "no" a cualquier cosa que nos haga sentir incómodos o hacer algo que no queramos.

Ten claro lo que quieres y lo que no quieres hacer.

A diferencia de los límites físicos, que suelen ser claros y estar bien definidos, los límites emocionales y espirituales pueden ser un poco más nebulosos. Esto lleva a que sea difícil saber dónde trazar la línea, tanto para nosotros como para los demás. Y como hacer cumplir nuestros límites a veces puede hacernos sentir mal, tendremos la tentación de evitarlo por completo. Pero esto sería un error que podría costarnos caro con el tiempo.

Cuando establecemos un límite, esencialmente estamos diciendo "aquí es donde termino yo y empiezas tú". Es una forma de afirmar nuestra autonomía y declarar que no somos responsables de los sentimientos o acciones de otra persona.

Cuando marcamos límites, no estamos diciendo que no nos importen los demás o que desdeñemos alegremente sus problemas. Simplemente estamos reconociendo que tenemos nuestras propias necesidades y querencias, y que debemos respetarlas para mantenernos sanos y equilibrados.

Así que, si te sientes resentido o abrumado por las demandas de tiempo o energía de otra persona, pregúntate si necesitas establecer un límite. Lo más probable es que sí.

Claves para poner límites

Ya sea que luchemos por decir "no" a los demás o por establecer cotas en nuestro propio comportamiento, los límites son una parte esencial de la salud emocional y espiritual. En su libro *Límites*, el Dr. Cloud ofrece un enfoque práctico para establecer límites físicos, mentales y emocionales en nuestras vidas.

Por su parte, los autores Edward T. Hall y Robert Sommer, unos de los primeros investigadores en advertir consistentemente la necesidad de delimitar el espacio personal, afirman que "esos límites donde se contiene una persona y en la que habita son algo más que un territorio físico". En cambio, es un escenario propio donde "nos sentimos mental, física y emocionalmente protegidos, un refugio donde nadie nos pueda agredir con sus comentarios o comportamientos".

A menudo pensamos que los límites son fijos, pero en realidad son fluidos y pueden adaptarse a diferentes situaciones.

Muchos de nosotros dudamos en poner límites por miedo al rechazo del grupo, por temor a perjudicar o herir emocionalmente a otras personas y también simplemente por dejadez al tener que defender nuestras opiniones, espacios e intereses.

Cuando un intento de establecer un límite causa daño, la culpa es de la relación, no del límite. Por ejemplo, si intentamos recuperar el control de nuestro tiempo negándonos a cuidar a nuestro sobrino, y nuestra hermana se enfada con nosotros, el problema es de ella, no de nosotros.

Debemos recordar que establecer límites no es egoísta; en realidad es esencial para una relación sana. Si queremos que nos respeten, tenemos que respetarnos primero a nosotros mismos estableciendo límites sanos.

Lo importante es que tengamos claro qué necesitamos para sentirnos seguros y cómodos. Poner límites es difícil, pero vale un mundo por lo siguiente:

- Fortalece la autoestima y la autonomía personal.

- Te da alas para mostrarte tal cual eres, sin miedos.

- Aunque parezca paradójico, debes construir relaciones saludables, pues no solo nos protege de que se aprovechen de nosotros, sino que a la larga se cultiva el respeto mutuo.

- Podrás manifestar tus necesidades independientemente de cómo se lo tomen los otros; ello te libra de culpas por no hacer lo que la otra persona quiere.

- La autoafirmación personal al poner límites es una emoción placentera y liberadora, al que tu cerebro se hará saludablemente adicto.

- Poner límites ayuda a conocernos y reconocer nuestras propias necesidades, dándonos la sensación de tener el control de nuestras elecciones, de cultivar relaciones sanas y, en última instancia, de asumir la responsabilidad de nuestra vida.

Veamos algunas recomendaciones puntuales:

Sin miedo a decir "no"

Es difícil decir "no" cuando te sientes presionado u obligado. Pero siempre tienes derecho a trazar tu espacio con líneas definidas por ti, incluso si eso significa rechazar la solicitud o el pedimiento de una persona que estimas.

Por otro lado, podemos pensar que estamos siendo asertivos cuando decimos que no, solo por hacerlo. Para que un No tenga verdadero significado, y no dañe relaciones valiosas, debe estar basado en una motivación real para tus intereses y no decirlo por que sí. Y debes hacerle entender a la otra persona la legitimidad y honestidad de tu negativa.

También podemos tener problemas de límites cuando tendemos a "evitar las cosas" sin entender muy bien las razones. Si no tienes la seguridad de cómo empezar, prueba estos consejos:

Utiliza frases con "yo"

Esto ayuda a dejar clara tu posición sin que suene a confrontación. Por ejemplo, puedes decir algo como: "Necesito tiempo para pensar en esto antes de decidir".

Eso sí: evita utilizar afirmaciones del tipo "me siento", ya que pueden hacerte parecer débil o inseguro. En su lugar, céntrate en hacer declaraciones "yo" que expresen directamente tus necesidades o deseos.

No te andes por las ramas

Ve al grano y sé directo. Expresa tu posición con claridad y seguridad. Por ejemplo, puedes decir algo como: "Lo siento, pero no me siento cómodo haciendo eso".

Ofrece una explicación

Así la otra persona entenderá mejor tu postura. En el ejemplo del sobrino, podrías decirle a tu hermana algo como: "Sabes que quiero mucho a mi sobrino, pero tengo un compromiso que no me dejaría estar pendiente de él todo el tiempo"; o en un caso de puntos de vista discordantes con otra persona, "lo siento, pero no estoy de acuerdo con lo que dices y ofrece tu argumento".

En el caso de que no te guste cómo se comunican contigo, hazle entender al otro cómo quieres que te hable y en qué tono. Te aseguro que esto te librará de frustraciones y de sentirme mal contigo mismo al final del día.

Mantente firme

No dejes que la otra persona te presione para que hagas algo que no quieres hacer. Por ejemplo, di algo como: "Lo siento, no insistas, pues mi respuesta sigue siendo no".

Decir "no" es un desafío al principio, pero se hace más fácil con la práctica.

Sé consciente de tu lenguaje corporal

Asegúrate de que tu cuerpo diga lo que tú quieres que diga. Asúmelo como parte de tu mensaje. Así que mantén el contacto visual, ponte de pie y mantén las manos a los lados. Evita también moverte o jugar con tu pelo, ya que esto puede hacerte parecer nervioso.

Mantén la calma y la confianza

Cuando hablas con alguien, es importante proyectar confianza, lo que demostrará que tienes el control de la situación y hará más probable que los demás te escuchen. Esto no significa que debas ser arrogante o tratar de imponerte de manera arbitraria o intimidar en la conversación.

Sé respetuoso al comunicarte

La asertividad no es lo mismo que la agresividad. Las personas asertivas son capaces de expresar sus opiniones y necesidades sin recurrir a los desprecios o a los comentarios hirientes. Al contrario, la asertividad cuida las relaciones de una manera respetuosa, pues se trata de no permitir que invadan nuestros espacios, pero tampoco invadir el de los otros. Tienes que procurar que haya equidad en cuanto a lo que cada cual aporta en la relación.

Hazle saber a la otra persona, con firmeza pero con educación, que no te interesa o no te conviene hacer lo que te está solicitando.

Confía en tu instinto

Si algo te parece mal o te incomoda, probablemente lo sea, así que no lo hagas. Es que tus instintos están ahí por una razón: para mantenerte a salvo.

El instinto es un comportamiento natural o aprendido desde los orígenes que nos ayuda a protegernos de peligros, desencadenándose por señales ambientales específicas, es decir, nos pone en alerta ante posibles amenazas. En las relaciones humanas puede ayudar a decidir rápidamente qué es lo que más te conviene o no, por lo que sirve para tomar decisiones que te protejan de abusos.

De modo que si tienes la corazonada de que algo no es correcto o conveniente para ti, probablemente no lo sea. Sal de ahí lo antes posible y cuéntale a alguien de confianza lo que ha pasado. No hay que avergonzarse de hacer caso a tu instinto y asegurarse de que has velado por tus intereses.

Limitar no es aislarse

Un límite es como una valla. Mantiene fuera las cosas que podrían causar daño emocional y hasta material. Pero las vallas también tienen puertas. La evitación se centra en la construcción de una valla para protegerse de lo malo, pero tampoco deja que lo bueno entre por esa puerta.

Cuando nuestros límites son estrictos, podemos tener dificultades para dejar entrar a los demás y compartir nuestros sentimientos. Decimos que no a la ayuda incluso cuando nos resulta inconveniente. O levantamos muros emocionales porque tememos que nos hagan daño.

Así que poner límites no es aislarse ni mucho menos, sino defender tu espacio para construir puentes de respeto mutuo hacia los demás. El resultado son relaciones enriquecedoras para ti y para la otra persona. Porque si no permitimos que la gente entre, nunca experimentaremos lo bueno de las relaciones y nos perderemos la alegría de conectar con los demás.

Adiós a las personas tóxicas

Mi amiga Ana Isabel siempre había sido víctima de personas tóxicas. La manipulaban, abusaban de su tiempo y ciertamente la hacían sentir fatal. Ella había intentado liberarse de aquellas relaciones muchas veces, pero siempre eran capaces de volver a atraparla.

Finalmente, decidió cortar todos los lazos con estas relaciones nocivas y centrarse en sí misma. Pero esta vez era diferente: tras una larga conversación conmigo, Ana por fin había hallado el valor de defenderse y decir "no", "ya basta". Sabía que sería difícil, pero estaba decidida a cambiar.

Las personas manipuladoras que la rodeaban no vieron con buenos ojos la nueva actitud de Ana y empezaron a atacarla verbalmente. Pero Ana no se echó atrás. Mantuvo la cabeza alta y siguió defendiéndose. Poco a poco dejaron de asediarla porque vieron que iba en serio, que ya no les tenía miedo. Esto fue una gran victoria para mi amiga. No solo porque se libró de esas relaciones que le restaban energías, sino que sintió una sensación de autoafirmación y orgullo de sí misma.

De ahí en adelante, Ana empezó a ver el mundo de otra manera y descubrió que era una persona con mucho talento para orientar emocionalmente a otros. ¿Sabes qué? ¡Se convirtió en coach! Le sirvió mucho su formación previa, pero también el aprendizaje de su propia experiencia con gente tóxica.

Ahora, ¿qué son exactamente las personas tóxicas y por qué debemos poner límites ante su acecho? Son aquellas que aportan negatividad y dramatismo a nuestras vidas. Son las que siempre se quejan, inician discusiones o crean una tormenta en un vaso de agua.

Pueden ser miembros de la familia, amigos, compañeros de trabajo, vecinos o incluso desconocidos. Quizá las personas que tengas que ver todos los días o solo ocasionalmente. Pero todas tienen algo en común: te agrian el momento y a la larga te hacen la vida más difícil.

En ocasiones, como en los casos de la familia o seres queridos, no puedes cortar tajantemente con una relación tóxica, pero sí puedes poner tus límites y enseñar a esa persona a respetarlos para ir sanando la relación con perseverantes dosis de amor propio, firmeza y cariño.

Las personas tóxicas, si se lo permitimos, pueden hacernos la vida imposible y causarnos mucho estrés.

Hay varias señales que puedes captar cuando estás frente a una persona tóxica:

Siempre son negativas

Las personas tóxicas siempre encuentran algo de lo que quejarse. Ven el vaso medio vacío y nunca están contentas con lo que tienen.

Drenan tu energía

Pasar tiempo con personas tóxicas es agotador: te chupan la vida y te dejan sin energía.

Son manipuladoras

Las personas tóxicas suelen intentar controlar y te manipulan para que hagas lo que quieren. Pueden utilizar tácticas de culpabilidad o jugar con tus emociones para salirse con la suya.

Tienen celos

No soportan ver que a los demás les va mejor que a ellos y tratarán de hundirlos.

Siempre creen tener la razón

Nunca admitirán que se equivocan y harán todo lo posible para demostrar que tienen razón.

Juzgan

Juzgan rápidamente a los demás y toman decisiones precipitadas sobre ellos. A menudo sacan conclusiones sin tener en cuenta todos los hechos.

Las personas tóxicas son vampiros de energía. Nunca son felices durante mucho tiempo y siempre buscan a alguien a quien culpar. Y nada les gusta más que arrastrarte con ellas.

Así que, ¿cómo logras lidiar con estas personas tóxicas? ¿Cómo poner límites a su comportamiento sin sacarlos por completo de tu vida? Además de las recomendaciones dadas líneas arriba, aquí tienes consejos adicionales:

No te comprometas

A la persona tóxica le encanta el drama. Se alimenta de él. Así que lo mejor es evitar dejarte arrastrar por su drama. No te metas en discusiones o debates con ellas. Aléjate y deja que se cuezan en su propia sopa tóxica.

Mantén la perspectiva

A las personas tóxicas les encanta hacer las cosas más grandes de lo que realmente son. Así que es importante mantener las cosas en perspectiva cuando trates con estas personas. Intenta no tomarte nada de lo que digan o hagan como algo personal. Y no te dejes llevar por su dramatismo.

Limita tu exposición

No tienes que dejar a personas tóxicas fuera de tu vida por completo. Pero tienes que limitar tu exposición a ellas. Si no logras evitarlas del todo, intenta limitar el tiempo que pasas con ellas. Y no te relaciones con ellas cuando te sientas vulnerable o con las emociones a flor de piel.

Cultiva relaciones sanas

No es ningún secreto que las relaciones pueden ser difíciles. Tanto si se trata de una pareja romántica como de un miembro de la familia o un amigo íntimo, es inevitable que surjan conflictos en algún momento. Y aunque es normal que las relaciones pasen por altibajos, hay formas de cultivar relaciones sanas que puedan capear cualquier tormenta. Lo clave aquí es no perder jamás de vista tus propios intereses y prioridades, con ello podrás establecer relaciones duraderas y nutritivas.

En caso de abusos físicos

El abuso adopta muchas formas, pero la única constante es que siempre implica un abuso de poder. Si estás en una situación de abuso, podría ser difícil liberarte de ella sin apoyo externo. La mayoría de las personas abusadas pueden sentir que están solas o que nadie les creerá. Pero solo deben recordar que son dignas de respeto, de que no merecen ser maltratadas y que tienen que atreverse a salir de la situación de maltrato. Hay personas y organizaciones que pueden ayudar.

No sufras en silencio: pide ayuda. Busca a tu confidente, familiar o amigo de confianza y cuéntales lo que te está pasando. En caso de que esto no resulte, hay líneas telefónicas de ayuda y refugios a los que puedes acudir para alejarte de tu agresor. También hay consejeros capacitados que pueden ayudarte a lidiar con los efectos del abuso. No estás sola. Hay ayuda disponible. Búscala y consigue el apoyo que necesitas para liberarte del maltrato.

DEJA DE SER TU PROPIO SABOTEADOR

Quizá sin darte cuenta podrías estropear tu éxito sin saberlo. Se llama autosabotaje, y adopta muchas formas.

TENAY RODRÍGUEZ

Tal vez pospones los proyectos importantes, o tal vez siempre dices que sí a cosas que realmente no quieres hacer. En cualquier caso, estás llenando de piedras tu propio camino y dificultando tu crecimiento, bienestar personal y prosperidad profesional.

El autosabotaje es un término utilizado en psicología para describir la tendencia que tenemos a sabotearnos nosotros mismos, lo que impide que alcancemos nuestros objetivos y nos desarrollemos como personas prósperas y satisfechas con nuestra vida. Estas automanipulaciones ocurren a un nivel inconsciente, por lo que nos cuesta darnos cuenta de que están ocurriendo hasta más adelante, cuando todo parece perdido.

Diversos son los motivos que pueden estar ocasionando que atentes contra tu crecimiento personal y profesional, con tus relaciones y a la larga con tus posibilidades de ser feliz y plena. Algunos son:

1. **Miedo al éxito:** algunas personas tienen un inexplicable miedo de triunfar. Se bloquean inconscientemente ante una oportunidad de crecimiento porque creen que tendrán que cumplir expectativas más altas, que no están capacitadas para superarse o que se van a "quemar". Aunque no lo creas, es más común de lo que parece, pues muchos temen afrontar situaciones más demandantes, así estén capacitados para asumirlas. Si es tu caso, revísate honestamente para indagar si no es que estás muy cómodo en tu zona de confort como para mover un dedo por ir a por más.

2. **Miedo al fracaso:** hay gente que tiene tanto miedo a fracasar que prefiere no intentarlo en absoluto, antes de arriesgarse a dar un mal paso. Pero recordemos las acertadas palabras del popular exgolfista profesional David Feherty "Como tratas con el fracaso determina cómo consigues el éxito". Siempre lo he dicho,

el fracaso es un gran maestro. Así que si lo intentas y no lo logras, al menos aprendiste algo nuevo en el camino que te hará más experto y valioso.

3. **Baja autoestima:** las personas con baja autoestima suelen dudar de sus propias capacidades y creen que no son lo suficientemente buenas para tener éxito. Esto puede llevarles a evitar los retos y las oportunidades, por miedo a parecer tontos o a ser rechazados.

4. **Perfeccionismo:** cuando alguien tiene un nivel de exigencia tan alto para sí mismo que es imposible cumplirlo. En consecuencia, a menudo se da por vencido antes de intentarlo, o puede empezar pero rápidamente se desanima cuando las cosas no salen a la perfección. En ocasiones el supuesto "perfeccionismo" es más una excusa y temor al fracaso que cualquier otra cosa.

5. **Procrastinación:** posponer las tareas y los objetivos es una forma común de autosabotaje. Esto puede deberse a la pereza, o ser una forma de evitar el fracaso o la decepción.

6. **Mecanismos de afrontamiento poco saludables:** algunas personas afrontan el estrés, la ansiedad u otras emociones negativas de forma poco saludable, como consumiendo drogas o alcohol, comiendo en exceso o autolesionándose. Estos comportamientos pueden proporcionar un alivio temporal, pero en última instancia hacen que la persona se sienta peor y pueden generar más problemas en el futuro.

7. **Pensamiento negativo:** es consecuencia del pesimismo, la depresión u otros problemas de salud mental. El pensamiento negativo conduce a una baja motivación y dificulta la visión del lado positivo de las cosas, lo que entorpece la consecución de objetivos y el crecimiento personal.

8. **Evitar el cambio:** el cambio da miedo, sobre todo si significa renunciar a algo que es cómodo, aunque no sea bueno para ti. La gente se autosabotea para evitar hacer cambios en su vida que saben que deben hacer. Esto es así porque la rutina es confortable y no nos deja ver claramente las ventajas del cambio y aceptarlo de buena gana.

9. **Celos:** sentir celos del éxito o la felicidad de los demás lleva a intentar socavar esas cosas, ya sea directa o indirectamente. Es una actitud destructiva, porque no ayuda a la persona a superarse; al contrario, la sume en la amargura. Los celos o envidia sabotean, al contrario de la admiración y la emulación de las personas que pudieran inspirarnos.

10. **Venganza:** la gente se autosabotea como una forma de vengarse de alguien que cree le ha perjudicado. Esto será una respuesta a una injusticia real o percibida. La persona cree que al dañarse a sí misma, está dañando a la otra persona de alguna manera.

11. **Asertividad ausente:** alguien sabotea su propio éxito cuando es incapaz de expresar de manera clara sus necesidades y defender con firmeza sus intereses. Incapaces de una justa negativa, son arras-

trados muchas veces a hacer cosas que no quieren o asumiendo compromisos embarazosos que torpedean su propio crecimiento.

El autosabotaje es difícil de superar, pero no es imposible. Con un poco de esfuerzo y conciencia, empezarás a moverte hacia lo que anhelas

Supera el síndrome del impostor

Cuando las doctoras Pauline R. Clance y Suzanne A Imes entrevistaron a 150 mujeres de alto rendimiento para su libro *The Imposter Phenomenon* (*El fenómeno ∤el impostor*) en 1978, descubrieron que muchas creían que el éxito se debía a la suerte o a una exageración de las habilidades; pero, ¿qué ocurre realmente?

El término "síndrome del impostor" surgió después de entrevistar a cientos de profesionales y gerentes de éxito que a menudo se sentían como extraños cuando estaban rodeados de gente o eran populares.

El síndrome del impostor es la creencia de que no eres tan competente como los demás creen que eres. Conduce a sentimientos de fraude y duda, a pesar de la evidencia de lo contrario.

Se cree que el síndrome del impostor afecta a las personas de alto rendimiento, sobre todo a las mujeres con altos cargos. Por lo general lo desencadena el miedo al fracaso o una actitud perfeccionista. Los síntomas del síndrome del impostor son:

- Sentirse como un fraude que las personas desenmascararán en cualquier momento.
- Dudas sobre sí mismo.
- Hablar negativamente de sí mismo.
- Cuestionar las propias capacidades y logros.
- Sentir que no eres lo suficientemente bueno, pese a recibir elogios de los demás.
- Temer que te descubran como un fraude.
- No creerte tus propias aptitudes. O te niegas a valorar tu propio trabajo o nivel académico.
- Una sostenida sensación de insatisfacción.
- Pensar en el fracaso pese a tener una buena trayectoria.
- Falta de autoconfianza.
- Te sientes ansioso y deprimido.
- Aunque tengas motivos de sobre, no celebras los logros obtenidos.
- Dejar pasar oportunidades laborales como ascensos.

Si crees que puedes estar sufriendo del síndrome del impostor, hay algunas actitudes para ayudar a controlar los síntomas. Entre ellas se encuentran:

Identificar tus desencadenantes

Muchas personas se sienten como un fraude en algún momento de su vida, pero cuando pasa con frecuencia, estamos ante una situación patológica. Por ello es clave que abras un diálogo interno y te preguntes cómo te percibes a ti mismo.

¿Crees que tus logros no son producto de tus esfuerzos y talento sino de la mera suerte?, ¿crees que los demás exageran cuando te dicen lo bien que hiciste tu trabajo? Si respondiste que sí, es crucial que te respondas con mucha honestidad las siguientes preguntas:

- ¿Qué me hace sentir como un fraude?
- ¿Se trata de determinadas situaciones, como hablar en público, o es algo más generalizado?
- ¿Creo que mis capacidades no están a la altura del éxito obtenido?
- ¿Siento ansiedad y culpa ante un logro?

Una vez que sepas cuáles son tus desencadenantes, podrás empezar a abordarlos.

Busca pruebas

Si te sientes un impostor, intenta buscar pruebas. El síndrome del impostor a menudo no se basa en hechos, por lo que encontrar pruebas reales ayuda a combatir estos sentimientos. ¿Cómo? Anota tus logros y pregúntate cómo llegaste hasta ellos? ¿Por mera suerte? Desde ya te digo que estadísticamente eso es imposible.

Reconoce tus cualidades y méritos

Intenta centrarte en tus logros y en las cosas que has hecho bien. Como te dije líneas atrás, la suerte la construimos nosotros mismos cuando nos preparamos para aprovechar las oportunidades que se nos presentan. La diosa fortuna solo le sonríe a quienes trabajan por ella.

Escucha tu voz interna

¿Qué es lo primero que te dices cuando logras algo? ¿Son palabras de incredulidad o más bien de satisfacción y amor propio? Tu diálogo interno es crucial a la hora de sacudir, o no, la sensación de ser un "fraude", pues es lo que traza el concepto que tienes de ti mismo. Y este puede empoderarte o hundirte.

Desafía tus pensamientos negativos

Cuando tengas un pensamiento negativo sobre ti mismo, intenta contrarrestarlo con uno positivo o edificante. Por ejemplo, si piensas "no soy lo suficientemente bueno", intenta recordar las veces que has tenido éxito.

Internaliza tu éxito

Olvídate de la perfección para abrirle paso al progreso. Esto es, hacer las cosas como sabes hacerlas e ir sumando poco a poco. Por algo te han reconocido con un mejor cargo o responsabilidad. Eso sí, es importante que reconozcas tus méritos y te regocijes verdaderamente de ellos.

El síndrome del impostor es muy común, así que no eres el único que se siente así. Aceptar que todo el mundo experimenta dudas sobre sí mismo te ayuda a sentirte menos solo. Y a seguir adelante.

Pasa la página

Si luchas contra el síndrome del impostor y aceptas tu merecido éxito, no te desanimes ante reveses propios de una responsabilidad más desafiante. Es normal que te sientas mal cuando cometes un error o que a fulano no le gusta tu último post de Instagram. Así que la próxima vez que los críticos salgan de la nada con sus comentarios negativos en las redes sociales, simplemente ignóralos.

En su lugar, reconoce que estos mensajes pueden ser hirientes, pero también intenta pasar página para seguir avanzando. Con cada paso que das hacia lo que quieres y mereces, vas trazando tu camino de crecimiento.

Busca un mentor

Un mentor proporciona un apoyo y una orientación inestimables, especialmente cuando se trata del síndrome del impostor. Cuando te sientas inseguro de ti mismo, un mentor ofrece consejos útiles para orientarte en la dirección correcta.

También ayuda a desarrollar las habilidades duras y blandas. Las habilidades duras son aquellas capacidades específicas y tangibles que necesitas para ejecutar un determinado trabajo o tarea nueva. Pueden medirse fácilmente y a menudo se aprenden mediante la educación formal. Algunos ejemplos de habilidades duras son la programación informática, el análisis financiero y la fabricación de algún producto o artículo.

A su vez, las habilidades blandas son más intangibles y más difíciles de cuantificar. Suelen estar relacionadas con la comunicación, las relaciones interpersonales y la capacidad de resolver problemas. Aunque las habilidades blandas son más difíciles de definir y enseñar, no son menos importantes. De hecho, hoy los empleadores suelen dar más importancia a las habilidades blandas que a las duras a la hora de contratar nuevos empleados.

Contar con un mentor es una forma estupenda de desarrollar estas habilidades, que a su vez combatirán activamente el síndrome del impostor y aumentarán tu confianza. Así que, si tienes dudas sobre ti mismo, no tengas miedo de buscar un mentor que te ayude a encararlas con benevolencia y superarlas.

Ten fe en tu potencial

Suele hablarse del potencial en relación con los niños y los jóvenes. Esto se debe a que se considera que tienen más potencial que los adultos, y que aún no han alcanzado su pleno desarrollo físico y mental. También tienen más tiempo para aprender cosas nuevas y desarrollar sus habilidades.

Pero todos tenemos el potencial de superarnos a nosotros mismos, en cualquier etapa de la existencia. Esto es así porque el potencial de una persona es su capacidad para crecer, desarrollarse y progresar en la vida. A menudo se considera una medida del "potencial de éxito" de alguien.

El potencial se verá limitado por factores como la composición genética, el entorno y las oportunidades. Sin embargo, también está muy extendida la creencia de que todo el mundo tiene el potencial de conseguir grandes cosas si se dan las circunstancias y el apoyo adecuados.

Hay varias formas de evaluar el potencial de alguien. Un método habitual es someterlo a un test de inteligencia. Esto mide su inteligencia, que es un aspecto importante del potencial. Sin embargo, no es el único factor. Otros factores importantes son la motivación, la autoestima y la determinación.

Todo el mundo tiene potencial mientras viva. No importa la edad que tengas, de dónde vengas o cuáles sean tus circunstancias actuales. Todo el mundo tiene la capacidad de crecer, aprender y progresar. Lo único que hace falta es crear la oportunidad y la motivación adecuadas para perseguir la plenitud personal y profesional.

Así que nunca renuncies a ti mismo: ¡nunca sabes lo que puedes conseguir!

CÓRTALA

Comprende lo que quieres en la vida

El primer paso para desarrollar tu potencial es comprender lo que quieres en la vida. Esto significa tomarte un tiempo para pensar en tus objetivos y valores, y en lo que anhelas en coherencia con esos valoers. Una vez que sepas lo que quieres, empieza a planificar cómo conseguirlo.

Establece objetivos realistas

No tiene sentido establecer un objetivo imposible, ya que esto solo te llevará a la frustración. Sin embargo, si tu objetivo es demasiado pequeño, quizá no estés lo suficientemente motivado para conseguirlo. Encuentra un punto intermedio entre los dos extremos, y establece un objetivo que suponga un reto, pero que no te suponga una carga.

Actúa

No importa lo grandes o pequeños que sean tus objetivos, no los alcanzarás si no pasas a la acción. Esto significa poner en marcha tus planes y dedicar el esfuerzo necesario para alcanzar tus objetivos. Se necesita tiempo y perseverancia para desarrollar tu potencial, así que no te desanimes si no ves resultados inmediatamente.

Consigue feedback

Una de las mejores formas de mejorar es recibir comentarios de los demás. Pide a las personas que te conocen bien su opinión sincera sobre tus puntos fuertes y débiles. Utiliza estos comentarios para ayudarte a identificar las áreas en las que necesitas mejorar.

Persevera

El desarrollo no se produce de la noche a la mañana, así que es importante tener paciencia. Roma no se construyó en un día, y tampoco lo hará tu potencial. Date tiempo para crecer y desarrollarte, y no esperes milagros. Con dedicación, perseverancia y claridad de objetivos, acabarás alcanzando tus propósitos más altos.

Sé enemigo de las excusas

No hago paréntesis o dejo para mañana por cualquier excusa. Es decir, no me planteo excusas. Y es que las excusas son una forma habitual de justificar la falta de acción. De hecho, son unos de los mecanismos de autosabotaje más comunes. Porque las excusas finalmente van contra tu propio desarrollo y crecimiento. Es un autoengaño que termina por postrarte en la mediocridad, pues te impiden asumir la responsabilidad de tus acciones y el control de tu vida.

Las excusas pueden basarse en circunstancias personales, como no tener suficiente tiempo o energía, o en factores externos, como el clima, la falta de apoyos, de dinero y un sinfín de evasivas que se convierten en un bumerán en tu contra.

A veces, la gente utiliza las excusas como una forma de procrastinar, o para evitar hacer algo que realmente no quiere hacer. Las excusas también pueden utilizarse para racionalizar un mal comportamiento, como copiar en un examen o saltarse el trabajo. En general, las excusas son una manida forma de evitar la responsabilidad y la rendición de cuentas.

Aunque hay algo de verdad en algunas excusas, como que hace demasiado frío para salir a la calle, por ejemplo, la mayoría de las excusas son simplemente formas de hacernos sentir mejor por no actuar como debemos o cumplir un compromiso.

Es importante ser sinceros con nosotros mismos cuando utilizamos excusas, y preguntarnos si realmente hay una razón válida para no actuar. Si la hay, entonces está bien utilizar esa excusa. Sin embargo, si solo utilizamos las excusas como una forma de posponer las cosas o de evitar la responsabilidad, entonces es hora de pasar a la acción y dejar de excusarnos.

Manual para vencer las excusas

La mayoría de nosotros somos culpables de poner excusas de vez en cuando, ya sea para no ir al gimnasio o para no comer sano. Pero si quieres hacer cambios duraderos en tu vida, es importante aprender a superar las excusas habituales. Aquí tienes algunos consejos que te ayudarán a empezar:

Haz un plan

Parte del establecimiento de objetivos realistas es tener un plan de acción. Esto podría implicar apuntarse a un gimnasio e ir tres veces a la semana, o planificar tus comidas para la semana. Tener un plan hace más probable que te ciñas a tus objetivos y no tengas que excusarte.

Deja de procrastinar y ve de a poco

Intentar hacer grandes cambios de golpe suele ser abrumador y generar un montón de excusas para no hacerlo, lo que a la larga provoca frustración. En su lugar, céntrate en establecer pequeños objetivos que puedas alcanzar. Por ejemplo, si quieres comer más sano, empieza por añadir un nuevo alimento saludable a tu dieta cada semana.

Busca un grupo de apoyo

Si estás intentando dejar de fumar o perder peso, por ejemplo, es útil unirse a un grupo de apoyo. Allí encontrarás personas que se enfrentan a los mismos retos que tú y que pueden ofrecerte ánimos y consejos. Ello te ayudará a no recurrir a pretextos.

Respétate a ti mismo

Las excusas son un claro síntoma de que no estamos asumiendo nuestra responsabilidad, promesas y compromisos, tanto para nosotros mismos como para los demás. Si te descubres justificando cada tarea incumplida o descuido, o cada compromiso olvidado, quiere decir que no te tomas en serio. Recuerda que tú eres el único responsable de tu vida.

"La gente no busca razones para hacer lo que quiere hacer, busca excusas",
William Somerset Maugham

Ponle límites a quien vive excusándose

Si no eres tú, sino que padeces a quien es un as en las excusas y que para cada falla tiene un pretexto, corta por lo sano. Enfréntalo y dale a entender las consecuencias de sus mentiras. En primer lugar, porque es una práctica que agota tanto al que se excusa, como al destinatario o "víctima" de la excusa, terminando en una relación pobre y hasta nociva para ambas partes.

No dejes pasar las excusas

Cuando sientas que te vienen con una excusa, confronta a la persona, no le des ninguna señal de que creíste su pretexto. Haz que se sincere contigo, y hasta consigo mismo.

Descubre la mentira detrás de la excusa

Sea que se excusen contigo, o tú mismo te excuses de hacer algo que debías, busca la mentira de fondo: ¿por qué estás escudándote en un pretexto? ¿Temor al rechazo o al fracaso? Recuerda que la excusa es una elaborada mentira para justificarse ante sí mismo y ante los demás por una responsabilidad o acción no cumplida.

La verdad libera

Las excusas suelen esconder el temor a afrontar algo, como el rechazo, quedar mal, hacer una tarea displacentera o asumir una decisión difícil. La mejor manera de curarse de las excusas es resolviendo, dejando de postergar. Solo así se gana el respeto ante sí mismo y frente a los demás. Y aunque es difícil dejar la práctica, cada vez que tomes conciencia de que te estás excusando, afronta la responsabilidad y actúa. Será liberador.

Sé paciente

Hacer cambios duraderos requiere tiempo y esfuerzo. No te desanimes si tienes contratiempos en el camino. Sigue trabajando en ello y al final alcanzarás tus objetivos porque, como afirmó con certeza John C. Maxwell, escritor, coach y conferencista estadounidense con más de 80 libros sobre liderazgo, "Es más fácil avanzar del fracaso al éxito que de las excusas al éxito".

Echa a un lado la procrastinación

Es muy fácil procrastinar, ¿verdad? Te dices a ti mismo que harás una determinada tarea para cuando "esté listo", o que empezarás a trabajar en ese proyecto mañana, o que y entonces mañana nunca llega. O sigues posponiendo el estudio para ese examen, diciéndote que empezarás la semana que viene. Pero la próxima semana tampoco llega.

La procrastinación es el acto de posponer o retrasar algo. Todo el mundo procrastina de vez en cuando, pero para algunas personas puede convertirse en un problema crónico que interfiere en su vida diaria y le asegura el fracaso.

Hay muchas "razones" por las que alguien procrastina. En algunos casos, falta de motivación o interés en la tarea que se está realizando. Para otros, porque se sienten abrumados por la tarea o no saben por dónde empezar. La procrastinación también es una forma de afrontar la ansiedad o el miedo al futuro.

Esta paralizadora práctica es un mecanismo de defensa que ponemos ante la incertidumbre o ante alguna tarea desafiante. Se alimenta de la inseguridad y del miedo al fracaso de quien quiere creerse que "mañana será mejor".

Sea cual sea el motivo, la procrastinación crónica tendrá un impacto negativo en tu vida, provocará el incumplimiento de plazos, la pérdida de oportunidades y aumento de los niveles de estrés y frustración personal. Si estás luchando contra la procrastinación crónica, hay recomendaciones a seguir para controlarla:

Identifica tus distracciones

Determina cuál es la causa de la distracción. ¿Una persona, el teléfono, las redes sociales, una actividad lúdica? Una vez que sepas qué es, podrás tomar medidas para evitarla o eliminarla mientras terminas aquello que estabas posponiendo. Lo importante es concentrarse en el momento para afrontar y resolver. Luego podrás retomar con más gozo, y aliviado, los "distractores" que más disfrutas.

Empieza por las pequeñas y tediosas tareas

Una medida que no falla contra la procrastinación es desembarazarse de las tareas o responsabilidades más pequeñas y tediosas o que menos nos gustan, para dejar más espacio a lo que más disfrutamos hacer o a las tareas y decisiones más complejas. Es una manera de recompensarte a ti mismo y aliviarte de lo accesorio para darle paso a lo más importante o significativo.

¿Cuál es la razón?

A mí me funciona que cuando me descubro procrastinando me pregunto la razón. ¿La tarea es tediosa o tan laboriosa que me da pereza asumirla? ¿Me da miedo fallar? Le busco entonces el lado positivo, me cuestiono el porqué le estoy dando largas de manera innecesaria y simplemente empiezo a hacerla. Al comenzar, ¡ya nada me detiene! Pruébalo, no te imaginas el nivel de satisfacción personal de cumplir con algo que habíamos evitado.

Ríete del miedo a fallar

Si en esa indagación personal ves que procrastinas por el miedo a fallar, ríete de ello. No hay mejor maestro que el fracaso y la civilización se asienta sobre el continuo ensayo y error. Así que ¡lánzate al agua, actúa y toma el control de tu vida!

Haz un oasis de tu espacio de trabajo

Despejar tu espacio de trabajo de cualquier desorden te ayudará a mantenerte organizado y encaminado en tus prioridades. Hay mucha diferencia entre un sitio desordenado y otro donde te place estar y que te inspire trabajar, incluso haciendo las tareas que menos te agradan.

Dedicar unos minutos a ordenar tu zona ayuda a mantener la concentración y la calma. Además, será más fácil encontrar las cosas cuando las necesites.

Si te cuesta mantener limpio tu espacio de trabajo, intenta reservar un tiempo al día para ordenar. También considera la posibilidad de invertir en algunas soluciones de almacenamiento, como cestas, cubos o gavetas. Tomando algunas pequeñas medidas, creas un espacio organizado y muy acogedor.

Ponte fechas límite

La verdad es que, si no te pones una fecha límite, es muy fácil que sigas posponiendo las cosas. Poner una fecha límite te ayudará a mantener el rumbo y la concentración. No tiene por qué ser un plazo estricto, sino una fecha honesta con tus capacidades y tiempo.

"Los fuertes buscan más fuerza, los débiles buscan excusas", propuso la escritora Margaret George. Así que si ves que no puedes cumplir el plazo, no te desanimes. ¡Vuelve a fijar el plazo e inténtalo de nuevo!

Lo importante es seguir avanzando.

NO TE QUEJES TANTO

Haz tuya la frase "si la vida te da limones...". Arrincona la quejadera con una actitud edificante y optimista.

Parece que todos los días oigo a alguien quejarse de su trabajo, de su pareja, de su suerte, de sus amigos, de su país y del mundo. Se quejan y esperan que una se haga eco de su drama. Pero no le hacen ningún favor a nadie, y mucho menos a sí mismos, revolcándose en la autocompasión todo el tiempo. Tal vez las cosas serían diferentes si trataran de ser un poco más positivos.

¿Cuántas veces has oído la frase "Si la vida te da limones, haz limonada"? Es un dicho popular por una razón. Cuando te enfrentas a una situación difícil, es importante mantener una actitud proactiva y buscar el lado positivo. Por supuesto, es más fácil decirlo que hacerlo. Pero si solo te dedicas a quejarte, no tendrás tiempo ni energías para buscar una solución y terminarás empeorándolo todo.

Quienes incurren constantemente en el lamento suelen practicar las siguientes acciones y actitudes:

- Centrarse en lo que está mal o es malo en sus vida, en lugar de en lo que es bueno.

- Tener una baja tolerancia a la frustración, y rendirse fácilmente cuando las cosas no salen como quieren.

- Molestarse o enfadarse fácilmente con los demás, y ser rápidos para criticar o encontrar fallos.
- Vivir en una sensación de permanente desconsuelo y sentir que no consiguen lo que quieren de la vida.
- Tener una mentalidad de víctima, sintiendo que la vida es injusta con ellos o que siempre se les pone por delante.

Si te ves retratada en esas situaciones, es hora de cortar la queja con un rotundo ¡NO! y voltear el rostro hacia el lado más luminoso de la vida. Porque no es que se quejen, sino que irradian la mala onda por donde pasan y suelen ser agotadoras. Pero si es el caso de que te halles en compañía de alguien así, trata de limitar tu exposición y mantén tú mismo una perspectiva positiva.

¿Por qué te quejas tanto?

Según los expertos, hay dos razones principales de por qué la gente acostumbra a quejarse todo el tiempo. Veamos cuáles son:

Síntoma de frustración

Es fácil ver por qué las personas quejicas suelen estar descontentas con su vida. No están contentas con cómo suceden las cosas y no ven ninguna razón para ser positivas con respecto al futuro. En muchos casos, su insatisfacción se debe a la falta de objetivos significativos, es decir, un propósito que los haga despertar con alegría cada mañana o de una sensación permanente de fracaso.

Sin algo por lo que luchar, la vida parecerá inútil e insatisfactoria.

Las personas que se quejan a menudo se quedan atascadas en una mentalidad negativa, insistiendo en todas las cosas que están mal, no solamente con el mundo, sino con ellos mismos, en lugar de centrarse en lo que es bueno.

Esto las hará aun más infelices y dificultará la búsqueda de soluciones a sus problemas. Si te encuentras quejándote todo el tiempo, es el momento de reevaluar tu vida. Identifica lo que es verdaderamente importante o significativo y establece algunas metas que te den un sentido de propósito. Te sorprenderá lo bien que te sientes cuando tengas algo por lo que luchar.

Céntrate en superar la adversidad. Es posible que no logres cambiar la situación de la noche a la mañana, pero si actúas desde una perspectiva luminosa, tendrás más probabilidades de encontrar una solución satisfactoria.

¿Sabes lo que dijo alguna vez el gran físico teórico y cosmólogo Stephen Hawking?: "Quejarse es inútil y una pérdida de tiempo. No lo pienso hacer nunca". Él vivió confinado en una silla de ruedas desde los 21 años hasta su muerte, a los 76, por una enfermedad neuromotora que hasta le impedía hablar.

Llamar la atención

Es fácil dejarse llevar por la incomprensión y la búsqueda de la atención de los demás. Todos hemos pasado por ello en algún momento. Tal vez no hayamos sacado la nota que queríamos en un examen, no obtuvimos el cargo por el que habíamos trabajado tanto o estemos atrapados en una mala relación. Sea cual sea el caso, es fácil sentir que quejarse hará que las cosas mejoren.

Podría ocurrir que cuando nos quejamos lo suficiente, y esa queja es genuina y oportuna, quizá alguien nos escuche por fin y nos preste la atención que tanto ansiamos. Sin embargo, cuando la queja es tu marca pesonal, te aseguro que los otros ¡"huirán por la derecha" cuando te vean venir! Porque lo más seguro que logra la queja permanente es alejarnos de los demás y hacernos parecer difíciles de tratar.

Según la psicóloga Jennifer Delgado Martínez, "estas personas asumen los lamentos como parte de su comunicación y no conciben una conversación sin ella. En algunos casos la manía de quejarse es tan extrema que si no lo hacen, simplemente no sabrían cómo romper el hielo o de qué hablar".

Si queremos llamar la atención de forma positiva, es importante centrarnos en nuestras cualidades edificantes y pedir ayuda solo cuando la necesitemos. De esta manera conseguiremos el apoyo de personas que sintonizan con la misma energía positiva con las cuales establecer círculos virtuosos y empoderadores.

Resiliencia contra la lamentadera

En el extremo opuesto de la constante quejadera está la resiliencia, que no es más que la capacidad de resistir o recuperarse rápidamente de situaciones difíciles en vez de pasar la vida lamiéndose las heridas o lamentándose de la noche porque es noche y del día porque es día.

Yo aprendí en Cuba algo importante durante esos tiempos difíciles: la resiliencia. La capacidad de superar la adversidad es algo por lo que los cubanos son conocidos en todo el mundo. Y es algo en lo que creo profundamente.

Por eso decidí mudarme a Estados Unidos. No fue fácil, pero trabajé duro y finalmente logré lo que me propuse, mi sueño de siempre. Cuba me enseñó a creer profundamente en el potencial humano, en la resiliencia, en la capacidad de sobreponerse a la adversidad.

La resiliencia se basa en varios factores, como tener una perspectiva positiva, ser capaz de adaptarse al cambio y tener una red de apoyo.

Las personas resilientes suelen ser capaces de "recuperarse" de los contratiempos y los retos con más facilidad que otras. Hay muchas cosas que pueden contribuir a la resiliencia, pero algunas de las más importantes son:

- Tener una perspectiva positiva.
- Ser capaz de adaptarse al cambio.
- Tener una red de apoyo.
- Las personas resilientes suelen tener una visión optimista del mundo y creen que pueden superar los obstáculos.
- También son flexibles y pueden adaptarse fácilmente a nuevas situaciones.
- Están conscientes de sus fortalezas para sobreponerse.
- Aprenden de las crisis y salen de ellas con un mejor temple de carácter.

Aunque algunas personas son naturalmente más resilientes que otras, es algo que puede aprenderse y desarrollarse. Hay muchos recursos disponibles para ayudar a desarrollar la resiliencia, así que si sientes que te vendría bien un pequeño empujón, no dudes en buscar materiales que te inspiren y ayuden a reforzar tu sentido de la resiliencia.

Te adelanto la recomendación de películas inspiradoras para este tema, como *Precious* (de Lee Daniels), *Cadena perpetua* (de Frank Darabont) o *Shine* (de Scott Hicks). Y es inevitable nombrar aquí al gran psiquiatra judío Viktor Frankl, autor del libro *El sentido de la vida*, escrito a partir del temple ante el horror vivido por él y sus compañeros de celda en los campos de concentración nazis. Busca el libro y léelo, no tiene desperdicio.

Claves para ser resilientes

En primer lugar, reconoce que te enfrentas a una situación difícil. Es útil simplemente admitir que estás pasando por un momento difícil. Esto ayudará a sentirte más en control de la situación y también a hacer saber a los demás que puedes necesitar apoyo adicional.

Identifica tus emociones

Una vez que hayas reconocido que te enfrentas a la adversidad, será útil intentar identificar cómo te sientes para comprender tus emociones y afrontarlas mejor.

¿Has estado alguna vez en una situación en la que te has sentido abrumado o con las emociones a flor de piel? Tal vez te sentías tan frustrado que querías gritar, o tal vez te sentías tan triste que podías llorar. Son sentimientos fuertes, y es difícil afrontarlos.

Identificar tus emociones te ayudará a entender lo que sientes, por qué y a encontrar formas de afrontarlas.

Por ejemplo, si se siente abrumado, evalúa la situación. Si te sientes frustrado, quizá necesites encontrar una salida a tu ira. Y si te sientes triste, quizá tengas que acudir a tus amigos o familiares para que te apoyen. Hay muchas emociones diferentes, y todas pueden ser válidas. Lo importante es identificarlas para poder manejarlas.

Identifica tu propósito

En momentos de crisis o dificultades profundas, cuando creemos que estamos en el foso o que todo está perdido, una gran balsa de salvación es hallar el sentido de tu vida, o tu propósito vital y luchar con uñas y dientes por él. Y la ecuación es sencilla: si no tienes por qué luchar, no sacarás fuerzas para hacerlo.

El autor de *El sentido de la vida* lo deja claro en una frase de cuadrito: "una vez que le damos un significado a la vida, no solo nos sentimos un poco mejor, sino que, además, también hallamos la capacidad de lidiar con el sufrimiento".

Ve las crisis como desafíos

Es fácil sentir que la vida es una crisis tras otra. Sin embargo, recuerda que todos nos enfrentamos a momentos difíciles y que las cosas pueden mejorar, y de hecho lo hacen. Toda crisis es una oportunidad de crecer y forjar la personalidad, del mismo modo que lo hace nuestro sistema de defensa a nivel biológico: los virus y las bacterias crean crisis de salud que sin embargo les "enseñan" a las células inmunitarias a ser más fuertes para proteger la vida con más eficacia.

¿Sabes que el carácter chino para nombrar la crisis también significa oportunidad si lo pones al revés? ¡De eso se trata!

Una forma de afrontar los acontecimientos estresantes es intentar mirar más allá del presente y pensar en el futuro. Puede parecer imposible imaginar que las cosas mejoren cuando estás en medio de una crisis, pero asúmelas como desafíos a superar.

Otro consejo útil es ver si hay alguna forma sutil de sentirse mejor mientras te enfrentas a la situación. Tal vez escuchar música o pasar tiempo con amigos y familiares pueda ayudarte a superar los momentos más duros o los normales baches de la vida.

Ten paciencia

Es fácil desanimarse ante retos difíciles. Podemos sentir que no estamos haciendo ningún progreso, o que las cosas no mejorarán. Superar la adversidad lleva tiempo y esfuerzo. Sé paciente contigo mismo y date crédito por los progresos logrados.

El progreso suele ser gradual, y es importante celebrar las pequeñas victorias en el camino. Recuerda que todo viaje comienza con un solo paso. Con paciencia y perseverancia, podrás superar cualquier dificultad y hacerte más fuerte y listo para nuevos desafíos.

Aprende la lección

Pasar por tiempos difíciles suele conducir al crecimiento personal. Durante estas crisis, cuando tocamos fondo, es precisamente cuando aprendemos más sobre nosotros mismos y sobre lo que somos capaces de hacer.

También desarrollamos nuevas habilidades como la paciencia, la resistencia y la adaptabilidad. Y lo que es más importante, aprendemos a afrontar mejor la adversidad. Todos tenemos en nuestro interior la capacidad de crecer y prosperar ante los retos, pero a menudo solo cuando se nos pone a prueba descubrimos nuestro verdadero potencial.

Así que, la próxima vez que te encuentres en una situación difícil, en lugar de verla como una experiencia negativa, intenta verla como una oportunidad de crecimiento personal y un desafío para abrazar la vida con más fuerza, optimismo y confianza en tus capacidades.

CORTA LA VICTIMITIS

¿Sientes que el mundo está en tu contra? ¿Que no te dejan ni un respiro? Si es así, podrías sufrir de victimismo.

Sé lo que es sentirse como una víctima. No es un lugar divertido para estar. Supongo que tú también lo sabes. De hecho, la mayoría de la gente se ha sentido víctima en algún momento.

Puede que haya sido cuando alguien hirió tus sentimientos, o cuando no conseguiste el ascenso que querías, o quizás incluso cuando te molestaban de pequeño. Sea cual sea la situación, te pareció que la vida era injusta y que te llevabas la peor parte. Eso puede ocurrir eventualmente, el problema está cuando nos acostumbramos a la autocompasión o a las palmaditas de los otros y nos quedamos de manera crónica en el rol de víctima.

Por desgracia, asumir el rol de víctima todo el tiempo nos mantiene atrapados en patrones negativos de pensamiento y comportamiento. Empezamos a creer que somos impotentes y que la vida nos pasa a nosotros en vez de nosotros a ella. Pero esto no tiene por qué ser así.

El victimismo es una actitud en la que te ves como víctima de circunstancias que escapan a tu control. Esto genera impotencia y resentimiento.

El victimismo puede estar causado por injusticias reales o percibidas. También es autoimpuesto, debido a patrones de pensamiento negativos o a una falta de responsabilidad personal, aunque esta sea inconsciente, pues el victimista le achaca la responsabilidad de todo lo malo le pasa a factores ajenos a sí mismo, renunciando a tomar el control de su vida y asumir las consecuencias de sus actos.

La buena noticia es que podemos cortar nuestros sentimientos de víctima y empezar a vivir con más poder. ¿Cómo? Retomando el control de nuestros propios pensamientos y acciones. Sí, no será fácil, pero definitivamente es posible. Así que si estás preparado para reclamar tu poder, ¡empecemos!

¿Sufres de victimismo?

Si sospechas que sufres de victimismo, hay algunos signos reveladores a los que debes prestar atención, como si tiendes a culpar a los demás de tus problemas, si te cuesta asumir la responsabilidad de tus propios actos, o te cuesta aceptar las críticas. Veamos algunos otros síntomas:

- Tienden a verse a sí mismos como impotentes y a merced de los demás.

- Tienen una fuerte necesidad de aprobación y validación por parte de los demás.

- A menudo se compadecen de sí mismos y pueden llegar a tener autocompasión.

- Les cuesta asumir la responsabilidad de sus propios actos y elecciones.

- Dramatizan o exageran lo que les sucede, enfocándose en el aspecto negativo.
- A menudo tienen una visión negativa de la vida y esperan que ocurra lo peor.
- Pueden sufrir una baja autoestima y carecer de confianza en su capacidad para afrontar con los retos de la vida.
- Pueden adoptar comportamientos autodestructivos como forma de afrontar sus sentimientos de impotencia y desamparo.
- Pueden apartarse de los demás y aislarse, sintiendo que nadie puede comprenderles o ayudarles.

Si te has visto reflejado en algunas de estas cuestiones, es posible que el victimismo esté desempeñando un papel en tu vida. Ahora aprende a liberarte de la mentalidad de víctima y recuperar el control de tu vida. Estas claves también aplican cuando estás frente a una persona victimista y quieres cortar por lo sano, esto es, ayudarla a salir de ese rol para bien de esa persona y de la misma relación.

Para superar el victimismo

Si ves que empiezas a caer en el victimismo, toma medidas proactivas para cambiar tu mentalidad. En primer lugar, infórmate sobre qué comportamientos y patrones de pensamiento son indicativos de victimismo, así como concéntrate en tomar el control de su vida y en tomar decisiones que te den poder.

Acá algunas de las recomendaciones de mi cosecha personal que he recabado a lo largo de la vida para evitar caer y superar la trampa del victimismo:

Identifica el origen de tu indefensión

Si te sientes siempre como una víctima, es importante dar un paso atrás y tratar de entender de dónde viene esa mentalidad. A menudo, la impotencia aprendida está en la raíz de la mentalidad de víctima crónica.

La impotencia aprendida suele ser algo que se experimenta en la infancia o en los primeros años de la vida adulta. Tal vez te criaste en un entorno en el que te decían con frecuencia que eras demasiado dependiente o, también pasa, que te lo dieron todo, cortando tu capacidad de valerte por ti mismo. Tal vez un hermano mayor o su cónyuge desestimaron regularmente sus sentimientos y opiniones. O tal vez te acosaron en la escuela.

Cualquiera que sea el caso, comprender el origen de su indefensión aprendida es increíblemente fortalecedor, como ya lo comenzamos a ver cuando hablamos del tema de las creencias limitantes.

Una vez que sepas de dónde viene tu mentalidad negativa, podrás empezar a abordar los problemas de fondo. Este proceso es doloroso, pero merece la pena a largo plazo. Conocer el origen de tu dolor te dará el poder de cambiar tu perspectiva y empezar a trabajar hacia un futuro más positivo.

Deja de culpar a los otros

Todos tenemos momentos en los que podemos sentirnos tentados de culpar a otros de nuestra desgracia. Quizá nuestro jefe no sea razonable o un amigo nos haya decepcionado. Aunque en el momento nos sintamos bien culpando a los demás, este hábito puede hacer más daño que bien a quien lo practica.

> *Culpar a los demás nos priva de nuestro poder para cambiar la situación. En lugar de sentir que podemos cambiar las cosas, empezamos a sentirnos impotentes y sin esperanza.*

Además, aferrarse al resentimiento y a la ira afecta nuestra salud emocional. Así que la próxima vez que tengas la tentación de culpar a otra persona, pregúntate qué papel has jugado tú en la situación. Lo más probable es que descubras que tienes más control del que crees. Y cuando asumes la responsabilidad de tus propias elecciones y reacciones, abres la posibilidad de un cambio positivo.

Entiéndelo de una vez: ¡el mundo no te debe nada!

Cuando nos sentimos con derecho y que el mundo nos debe cosas buenas, nos sentimos desengañados cuando no las recibimos. Esto nos lleva a la ira y al sentimiento de impotencia y resentimiento (es decir, a sentirnos víctimas).

Los psicólogos recomiendan eliminar del vocabulario palabras como "justo", "debería", "correcto" e "incorrecto". Estos términos crean expectativas y, cuando no se cumplen, te sientes frustrado y víctima. Libérate de esas expectativas. Nadie te debe nada.

Por ejemplo, imagina que los padres de tu mejor amiga le han pagado sus estudios, mientras que tú has tenido que financiar los tuyos. Mientras tú luchas por pagar tu enorme préstamo estudiantil, ella puede gastar su dinero libremente ya que no tiene ninguna deuda.

Sería fácil empezar a sentir resentimiento hacia ella, pero recuerda que nadie te debe nada. Todo el mundo tiene circunstancias diferentes, y es importante no compararse con los demás ni esperar nada de ellos. Aceptar esto puede ayudarte a sentirte más capacitado y con el control de tu propia vida.

Sé bondadoso

Todos conocemos a personas a quienes les encanta estar centradas en sí mismas. Son las que siempre se quejan, las que continuamente buscan defectos en los demás y las que nunca parecen ser felices.

Aunque es tentador tachar a estas personas de egocéntricas y egoístas, lo cierto es que todos tenemos momentos en los que caemos en esta trampa. Cuando nos sentimos mal, es fácil consumirnos por nuestros propios problemas y olvidarnos de las necesidades de los demás.

Por eso es tan importante realizar actos de bondad hacia los demás, aunque parezcan pequeños o insignificantes. Cuando nos tomamos el tiempo de mostrar consideración por los demás, no solo les alegramos el día, sino que también nos recordamos a nosotros mismos que la vida es algo más que nuestros propios problemas.

Como resultado, podemos salir de nuestra burbuja egocéntrica y empezar a vivir con un mayor sentido de propósito. Así que la próxima vez que te sientas una víctima, intenta realizar un acto de bondad para otra persona. Quizá también te alegre el día.

¿Y si el victimista es el otro?

En caso de que no seas tú quien asume el rol de víctima, sino que estés en una relación con un victimista crónico te ofrezco algunos consejos clave para cortar con su rol y sanar la relación:

- **No cedas a su petición**

Esto le da pie a que siga en su papel de víctima por tu propio refuerzo.

Toma distancia. Involucrarse emocionalmente con personas victimistas significa que puedes caer en su chantaje emocional, como "no me ayudas porque no me quieres" y frases por el estilo. Dile que independiente de tu amor, no eres el **responsable** de sus carencias o desgracias. Además esto te evitará contagiarte de su negatividad.

- **Enséñalo a "pescar"**

Hazle entender que lo ayudas al no ceder a sus continuas peticiones, que lo ayudas verdaderamente no dándole el pescado, sino enseñándolo a pescar.

- **Pon la bola en su cancha**

    Explícale que muchas de las cosas que le pasan tienen que ver con sus propias decisiones. Dale opciones diferentes a su comportamiento: ¿Qué estarías dispuesto a hacer de manera distinta para cambiar las cosas? ¿Crees que la mala suerte es la responsable de tu situación o tú tienes que ver con ello más de lo que crees?

- **No sientas culpa**

    No cedas al chantaje emocional del victimista, quien tratará de hacerte sentir culpable si no cedes a sus peticiones y deseos. Que el sentimiento de culpa no te traicione a la hora de mantener tu firmeza y asertividad. Recuerda que no solo estás sanando la relación, sino que estás ayudando a esa persona a valerse por sí misma, es decir, tomar el control de su vida.

- **Definitivamente, emplea el NO**

    Utiliza la asertividad con estas personas. Cuando quieras decir no, dilo con honestidad, sin poner demasiadas excusas, pero sin dejar de ser amable y cariñoso, sobre todo si esa persona es importante para ti, como tu madre, hijo o pareja. Sugiérele ayuda profesional

- **Sugiérele acudir a un profesional**

    Si ves que pese a tus esfuerzos no logras sacar a la persona de su rol de victimista crónico, explícale la importancia de acudir a un profesional que pueda darle herramientas de empoderamiento. Y que finalmente le muestre el lado más positivo de la vida.

Desarrolla tu autoconfianza

Desarrollar la confianza en uno mismo puede parecer una tarea de enormes proporciones, pero sin duda es posible con un poco de esfuerzo. Una manera de empezar a desarrollar la confianza es observar a las personas que se comportan con seguridad y emular su comportamiento. Pero por supuesto, la autoconfianza va más allá; es una cualidad que se cultiva reconociendo tu capacidad para superar desafíos, problemas o situaciones novedosas. Es tener fe en sí mismo para superarse.

"La confianza en uno mismo es el primer secreto del éxito",
Ralph Waldo Emerson.

Otra clave para ganar autoconfianza va a contracorriente de las prácticas del victimista: asumir la responsabilidad de tus actos, darte cuenta de que toda decisión, desde actuar a no hacer nada, tiene consecuencias solo achacables a tus decisiones. Cuando tomes el control de tu vida, verás que la autoconfianza crece, porque simplemente te estás dando el mensaje de que eres tú el único responsable de tus actos y finalmente de tu vida.

Define lo que significa la confianza para ti

El primer paso para desarrollar la confianza en uno mismo es comprender qué significa realmente el término. Cada persona tiene su propia definición de confianza, así que es importante que te tomes el tiempo necesario para averiguar qué significa para ti.

Empiezo con una certeza de gran tamaño: La autoconfianza bebe de la fuente de nuestros logros. ¡Y desde pequeño tienes esa fuente a mano! Haz memoria… desde que aprendiste a caminar por ti solo estás cosechando logros, solo que los has olvidado.

Una vez que tengas una idea clara de cómo es y se siente la confianza para ti, podrás empezar a trabajar en su desarrollo.

Acepta los cumplidos

Cuando alguien te hace un cumplido, es crucial que lo aceptes amablemente. Mucha gente tiende a restar importancia a los cumplidos o a rechazarlos, pero esto puede dañar su autoconfianza. Cuando aceptas un cumplido, estás reconociendo tus propias cualidades positivas. Esto te ayudará a sentirte bien contigo mismo y a reafirmar tu valía.

Practica la autoconversación positiva

Las cosas que te dices a ti mismo tienen un gran impacto en tu nivel de confianza. Si te menosprecias constantemente o te dices a ti mismo que no puedes hacer algo, solo conseguirás que tu confianza en ti mismo empeore.

En su lugar, céntrate en utilizar una autoconversación positiva o diálogos amables contigo mismo. Esto significa celebrar internamente tus dones, tu talento, las cosas buenas que has hecho y lo que has logrado.

Rodéate de gente optimista

La gente con la que te rodeas tiene un gran impacto en tu nivel de confianza. Si estás constantemente rodeado de personas que te menosprecian o te hacen sentir mal contigo mismo, será muy difícil desarrollar la confianza en ti mismo.

En cambio, si te rodeas de personas que te apoyan y que creen en ti, será mucho más fácil desarrollar tu propia confianza. Eso sí, la adecuada valoración de tu persona tiene que empezar por ti mismo, si no te valoras ¿cómo puedes pedirles a los demás que lo hagan?

Siguiendo estos consejos, puedes empezar a sentirte mejor contigo mismo.

CÓRTALA

Dile NO al victimismo

Hay algunas cosas para evitar caer en la trampa del victimismo:

- No insistas en los acontecimientos dolorosos del pasado. En su lugar, céntrate en el presente y piensa que estás construyendo el futuro.

- No proyectes tus propias creencias negativas en los demás. Todo el mundo tiene sus propios retos y luchas.

- Toma conciencia de que son tus decisiones las que te han llevado a donde estás.

- No te dejes controlar por tus emociones. Si sientes que te enfadas o te molestas, da un paso atrás y respira.

- No pongas excusas a tus malas decisiones o conducta.

Acepta que no puedes controlar todo

Es fácil dejarse llevar por la preocupación de cosas que no podemos controlar. Sin embargo, obsesionarse con estas cosas no te hará ningún bien. En su lugar, céntrate en las cosas que están bajo nuestro control y ver qué puedes hacer al respecto.

Al identificar las cosas que puedes controlar, encontrarás maneras de hacer cambios positivos y dejar de autosabotearte. Por ejemplo, si te preocupa tu peso, puedes centrarte en comer sano y hacer ejercicio con regularidad. Puede que no podamos controlar nuestra disposición genética, pero sí cómo cuidamos de nuestro cuerpo.

Cuando nos centramos en las cosas que están bajo nuestro control, encontraremos formas de reducir el estrés y vivir una vida más productiva.

Si, por ejemplo, te preocupa la seguridad laboral, céntrate en desarrollar nuevas habilidades y establecer contactos con personas relevantes de tu campo. Puede que no podamos controlar si nuestra empresa reduce su plantilla, pero sí podemos controlar lo preparados que estamos para esa posibilidad.

Ten mentalidad de superviviente

Cuando piensas como una víctima, ves el mundo como un lugar hostil y peligroso. Crees que las cosas malas te ocurren porque tienes mala suerte o porque las personas están en tu contra. Te sientes impotente e indefenso, y a menudo te revuelcas en la autocompasión.

En cambio, cuando piensas como un superviviente, te das cuenta de que a todo el mundo le pasan cosas malas en algún momento y que el crecimiento se basa precisamente en superarlas. No te ves como una víctima de las circunstancias, sino como alguien que puede superar las eventuales crisis con sus herramientas y capacidades personales. Eres positivo y esperanzado, y ves cada reto como una oportunidad para hacerte más fuerte.

¿Qué mentalidad quieres tener? La elección es absolutamente tuya. Pero si quieres construir una vida resistente y llena de esperanza, es hora de empezar a pensar como un superviviente. En su libro *Lo que no te mata, te hace más fuerte*, Maxine Schnall compara las dos mentalidades de esta manera:

Una víctima pregunta cuánto tiempo le llevará sentirse bien; un sobreviviente decide sentirse bien incluso si las cosas no son tan buenas.

Una víctima se detiene, un sobreviviente sigue poniendo un pie delante del otro.

Una víctima se regodea en la autocompasión; un sobreviviente consuela a los demás.

Una víctima está celosa del éxito de otra persona; un sobreviviente se siente inspirado por él.

Una víctima se enfoca en el dolor de la pérdida; un sobreviviente aprecia la alegría recordada.

Una víctima suele buscar la retribución, un sobreviviente busca redención.

Y, sobre todo, una víctima discute con la vida, un sobreviviente definitivamente la abraza.

EL PASADO, PASADO ES

La mayoría de la gente experimenta traumas en su vida. Si no los supera, el trauma puede atraparla en el pasado.

TENAY RODRÍGUEZ

Puede que repitamos el suceso una y otra vez en nuestra mente, reviviendo el dolor y el miedo que sentimos en ese momento. Esto dificulta que sigamos adelante con nuestras vidas y puede incluso generar depresión y ansiedad.

A menudo oímos la frase "vivir en el pasado" Pero, ¿qué significa eso en realidad? Esencialmente, vivir en el pasado significa quedarse en acontecimientos y experiencias pasadas en lugar de centrarse en el presente. Esto puede manifestarse de varias maneras. Alguien que vive en el pasado puede:

- Reproducir constantemente viejos recuerdos en su mente, reviviéndolos una y otra vez.
- Negarse a dejar de lado los rencores o resentimientos hacia los demás.
- Aferrarse a creencias o formas de hacer obsoletas.
- Tener dificultades para superar una relación o un trabajo anteriores.

Cuando nos detenemos en los acontecimientos del pasado, vivimos en un tiempo que ya no existe. Y esto puede impedirnos experimentar y disfrutar plenamente del aquí y el ahora, así como impedirnos avanzar hacia nuestras metas y objetivos reales y muy presentes.

Afortunadamente, hay acciones a tomar para superar nuestro trauma y empezar a vivir de nuevo en el presente.

Quiero citar de nuevo a Viktor Frankl, quien afirma que la diferencia entre quedarse postrado en las dificultades y hallar el sentido de tu existencia a pesar o gracias a esas dificultades, depende enteramente de nuestras decisiones y de la actitud que tomemos: "En nosotros está elegir la actitud más conveniente: la de no rendirnos, la de conservar la esperanza y confiar en que nuestras circunstancias no nos condenan".

Claves para soltar el pasado

Victoria fue habitualmente una persona brillante y alegre. Sus amigos adoraban su personalidad vivaz y siempre parecía aportar felicidad a la vida de la gente. Sin embargo, Victoria tenía un oscuro secreto que mantenía oculto a todo el mundo.

Había tenido varias relaciones infructuosas, en cada una de las cuales terminó con el corazón roto. Mi amiga sentía que no podía salirse del patrón, y repitía los mismos errores una y otra vez. Esto la llevaba a sentirse atrapada en el pasado, la hacía sentirse miserable y le impedía seguir adelante con su vida.

Finalmente, Victoria decidió acudir a terapia para que un profesional le ayudara a superar sus problemas. Con la ayuda del terapeuta, pudo explorar los porqués de seguir reincidiendo en relaciones infelices. Entre una de las actitudes, estaba la clave: descubrió que su miedo a estar sola la llevaba a comenzar relaciones sin mirar mucho sus intereses ni conocer demasiado bien a sus parejas.

Una vez que abordó este problema, pudo disfrutar de su soledad, formarse, divertirse, aceptarse tal cual es y, finalmente, cuando se convirtió en una mujer empoderada y autónoma, sabiendo lo que quería y lo que no en una relación, conoció a quien hoy, y desde hace varios años, se convirtió en su feliz esposo. Ambos se compenetran, respetan sus individualidades y enriquecen la relación.

Ese fue su camino de salida, pero hay muchas técnicas útiles para soltar el pasado. A algunas personas les resulta útil llevar un diario, ya que les permite procesar sus pensamientos y sentimientos sobre el suceso. Otros encuentran alivio en actividades como el yoga o la meditación, que pueden ayudar a calmar la mente y el cuerpo.

Si estás luchando por superar tu trauma, debes saber que no estás solo. Hay ayuda disponible, y puedes superarlo. Acá algunas estrategias puntuales que te recomiendo llevar a cabo:

Deja fluir las emociones

Con tanta incertidumbre en el aire, es normal sentirse asustado, frustrado o incluso enfadado. Sin embargo, en lugar de reprimir estas emociones, es crucial dejarlas fluir.

Reconocer y aceptar las emociones negativas es un paso importante para gestionarlas. Además, pedir ayuda a un profesional de la salud mental o un coach personal puede proporcionarte apoyo y recursos adicionales. Así que si tienes problemas para afrontar las emociones negativas, no tengas miedo de buscar ayuda autorizada.

Reconocer y aceptar tus emociones negativas es un paso importante para poder gestionarlas.

Mantente alerta si te descubres anclado en el pasado, es decir añorando lo que ya fue. Porque quien se aferra a lo que ya no existe está tirando por la borda su presente y, con él, su futuro. Otra actitud muy distinta es tomar tu pasado como un impulso hacia adelante, es decir, aprovechar al máximo lo vivido, y agradecer por ello, para seguir tu camino de crecimiento.

Te ofrezco cuatro acciones para soltar el pasado, que me han servido de mucho tras las difíciles vivencias en Cuba. Son estrategias que ampliaré a lo largo de este capítulo:

- **Acepta**

Los pasos que diste son los que te han traído hasta aquí, así que lo más sabio que puedes hacer es mirar los hechos de frente y aceptarlos y aprender de ellos, sin resentimientos. Ello te permitirá despejar tu presente de la niebla de las culpas para emprender acciones a partir de la experiencia. Verás cómo se aligera el paso y ves un horizonte más limpio y prometedor.

● Relee las lecciones del ayer

Lo más importante que tiene el pasado es que es una especie de libro cuyas líneas son las experiencias vividas, los errores cometidos y la posibilidad de enmienda en las páginas que escribas de ahora en adelante. Es vital por ello anotar las lecciones de los errores, fracasos y malos momentos para aprender de ellos y ser mejores cada vez. Esto también vale para releer tus logros y sacarles punta a tus cualidades y fortalezas.

● No al rencor

El rencor esclaviza tanto como el perdón libera. Si quieres soltar el pasado y estar libre de emociones negativas, empieza por soltar el rencor hacia quienes te hirieron o te hicieron la vida difícil. Con ello no les estás haciendo un favor a ellos tanto como a ti, pues cuando barres las emociones que te lastran, abres la posibilidad de mirar tu presente con más optimismo y determinación a enfocarte en lo que realmente puedes controlar, que es tu ahora.

● No dejes de soñar

El futuro, como el pasado, no existe. Pero el primero lo podemos preconfigurar a partir de nuestro accionar en el presente, de nuestros planes y sueños. Una práctica efectiva es que pienses en algo ideal para ti (puede ser una casa, una relación, un trabajo, etc.), y a continuación prepararte para dar los pasos hasta llegar a ese ideal. ¿Qué necesitas hacer, en dónde trabajar, qué tipo de formación requieres? ¿Qué apoyos puedes conseguir? Si proyectas tu futuro desde hoy, puedes comenzar a dar el primer paso para alcanzarlo.

Asume la responsabilidad de tus emociones

Siempre es fácil encontrar a alguien a quien culpar cuando las cosas van mal en nuestra vida. Podemos culpar a nuestros padres por nuestra mala infancia, a nuestro jefe por nuestros problemas en el trabajo o a nuestra pareja por nuestra relación infeliz.

Sin embargo, la verdad es que somos nosotros los responsables de nuestra felicidad. Nadie puede hacernos felices o satisfechos: eso dependerá de nosotros mismos. Aceptar la responsabilidad del sufrimiento personal es ciertamente duro, pero también nos da el poder de tomar medidas para aliviarlo.

Significa que tenemos el control de nuestras vidas y podemos elegir hacer cambios positivos. Solo si asumimos la responsabilidad de nuestra propia felicidad podremos ser verdaderamente felices.

Céntrate en lo bueno del presente

Es fácil centrarse en el dolor que alguna otra persona nos ha causado. Es posible que nos quedemos con las heridas del pasado y permitamos que definan nuestra realidad actual.

Sin embargo, siempre podemos elegir cómo reaccionar ante nuestras experiencias. Si elegimos centrarnos en el daño, solo nos causaremos más dolor. En cambio, podemos decidir centrarnos en el momento presente y en las cosas por las que estamos agradecidos.

Esto no significa que neguemos o ignoremos el dolor que sentimos. Pero sí significa que no permitimos que controle nuestra vida. Cuando tomamos la decisión de centrarnos en lo que es bueno en nuestras vidas, nos abrimos a la curación y la paz.

Practica la gratitud desde el fondo de tu corazón, es un poderoso gesto que le da color a la vida y te sintoniza con la alegría de vivir y la felicidad de dar y recibir. Agradecer ennoblece el alma

Ya sea que estemos pensando en el pasado o preocupados por el futuro, suele ser difícil concentrarse en el momento presente. Sin embargo, según Lisa Olivera, terapeuta matrimonial y familiar licenciada, cuanto más nos centremos en el momento presente, menor será el impacto de nuestro pasado o futuro. La ecuación es fácil: estás tan ocupado en lo de hoy, que te olvidas del ayer.

"Cuando empezamos a practicar el estar presentes, nuestras heridas emocioanles tienen menos control o incidencia sobre nosotros y tenemos más libertad para elegir cómo queremos responder a los desafíos que nos presenta la vida", añade la especialista.

Aprender a centrarse en el momento presente es un reto, pero vale la pena el esfuerzo cotidiano hasta convertirlo en hábito. Al hacerlo, podemos obtener una mayor sensación de control sobre nuestras vidas y empezar a avanzar en una dirección positiva.

Deshazte de los rencores

El resentimiento es un sentimiento de desagrado u hostilidad que surge cuando creemos que nos han hecho daño. Cuando nos aferramos al resentimiento, puede pasar factura a nuestra salud mental y física.

¿Por qué? Porque este sentimiento alimenta emociones negativas como la ira y la frustración, que generan estrés y ansiedad en quien lo tiene. ¡Y vaya que estos son detonadores de enfermedades físicas! De hecho, son muchos los estudios que han relacionado el resentimiento con patologías como la presión arterial alta, los dolores de cabeza, enfermedades cardíacas e incluso el cáncer. La amargura, a fin de cuentas, es un bumerán contra quien la padece.

Si te sientes resentido a menudo, es importante explorar formas de liberarte de esta negatividad, con ello mejorarás tu bienestar general y tendrás una perspectiva de la vida mucho más positiva y edificante. Claro que es normal sentir rabia, dolor o cierta decepción después de que alguien te haya perjudicado o traicionado. Permítete experimentar estas emociones, pero no te revuelques en ellas.

Observa la situación con mirada objetiva

De vez en cuando es útil dar un paso atrás y observar tu vida como si le estuviera ocurriendo a otra persona. Esto no significa que debas desvincularte emocionalmente de tus experiencias, sino que debes intentar verlas desde una perspectiva más objetiva.

Hacerlo te ayudará a regular tus emociones y a asumir mejores decisiones. Por supuesto, no es posible mantener esta perspectiva en todas las situaciones y todo el tiempo. Pero en momentos puntuales, cuando sientas que te envuelves demasiado en tu propia queja, dar un paso atrás es muy útil.

Dialoga

¿Alguna vez te has enfadado mucho con alguien, pero luego has descubierto que en realidad esa persona no quería hacerte daño? A todos nos pasa en algún momento. Incluso si la otra persona hizo algo a propósito, es posible que ahora se arrepienta y esté dispuesta a escucharte. Si te sientes resentido, mira a ver si logras hablar con la persona que te ha hecho daño. Lo más probable es que no haya querido causar dolor conscientemente, y el diálogo podría aclarar las cosas.

Al fin y al cabo, siempre es mejor comunicarse que guardarse el resentimiento. Pero si en verdad se trata de alguna mala persona por la que no vale la pena hacer el esfuerzo, agradece porque te haya enseñado a ser más fuerte de cierto modo y perdónala en silencio, pero sinceramente. Así te libras de un rencor que te hace más daño a ti que a quien te falló.

Desahógate

Han sido un par de semanas difíciles y te sientes abrumada. No sabes qué hacer ni a dónde acudir. Pero hay una cosa que te ayudará a sentirte mejor: desahogarte.

Habla con alguien que te escuche sin juzgarte. Escribe lo que te preocupa, lo que piensas y sientes. Sácalo todo. Puede parecer poco, pero supone un mundo de diferencia.

El mero hecho de saber que te has expresado te ayudará a sentirte más aliviado, optimista y libre.

Reorienta tus frustraciones

De vez en cuando, todos nos sentimos frustrados. Tal vez estemos atrapados en una situación frustrante en el trabajo, o estemos luchando por lidiar con una persona difícil en nuestra vida personal. Es natural querer atacar y descargar toda nuestra frustración en otra persona. Sin embargo, esto rara vez es productivo y a menudo puede empeorar las cosas.

Es muy conveniente reflexionar sobre el verdadero origen de nuestra frustración. ¿Es realmente producto de la situación o las otras personas implicadas, o estamos proyectando nuestro propio malestar en ellas?

Una vez que hayamos identificado el verdadero origen de nuestra frustración, será mucho más fácil tratarla de forma constructiva. Así que la próxima vez que te sientas frustrado, tómate un momento para reflexionar sobre lo que realmente está pasando. Puede que te ayude a encontrar una forma más edificante de afrontar la situación.

Aprende la lección

A todos nos ha pasado alguna vez. Alguien nos corta el paso en el tráfico, o nos pasan por alto para un ascenso en el trabajo. Es natural sentirse molesto e incluso enfadado en estas situaciones. Sin embargo, aferrarse a ese enfado es perjudicial para nuestra salud física y mental. También puede dañar nuestras relaciones, agriar nuestra cotidianidad e impedirnos avanzar en la vida.

Una forma de dejar atrás el rencor es centrarse en el aprendizaje que nos ha aportado cualquier situación amarga. Tal vez aprendimos que tenemos que ser más pacientes o asertivos. Sea cual sea la lección, identificarla puede ayudarnos a dejar de lado el enfado, a crecer como personas y seguir adelante.

Asume un mantra positivo

Tener un mantra positivo para decirte a ti mismo en los momentos difíciles te ayudará a superar el dolor emocional que proviene del pasado. Elige una frase que resuene contigo y te haga sentir bien, como "Tengo suerte de poder encontrar un nuevo camino en la vida, uno que sea bueno para mí". Es un mero ejemplo, abraza el mantra que vaya contigo y asúmelo como timón en momentos turbulentos

Esto te ayudará a replantear tus pensamientos y a ver la situación desde una perspectiva más constructiva y provechosa. Además, intenta ser consciente de la forma en que te hablas a ti mismo en general.

Evita hablarte a ti mismo de forma negativa y céntrate en hablarte de forma amable y alentadora. Con el tiempo, esto te ayudará a fortalecer tu autoestima y desarrollar una visión más positiva de la vida.

Rodéate de gente positiva

Todos hemos experimentado el poder de las relaciones positivas y negativas: las personas que nos agotan emocionalmente, que nos critican, juzgan o son deshonestas nos hacen sentir agotados, mientras que las que nos apoyan, son cariñosas y amables nos hacen sentir llenos de energía. Son inspiradoras y nos conectan con la parte más bondadosa y edificante de la humanidad.

Las personas de las que nos rodeamos tienen un profundo impacto en nuestras vidas.

Hay una frase del gratamente legendario presentador de televisión estadounidense Hugh Downs (1921 - 2020) a la que vuelvo cada vez que estoy en medio de una dificultad: "Una persona feliz no tiene un determinado conjunto de circunstancias, sino un conjunto de actitudes". De modo que, independientemente de las dificultades por las que atravesemos, la actitud propia y de la gente que nos rodea es lo que marca la diferencia entre quedar postrados en el problema o la infelicidad, o superar el escollo, aprender la lección de vida, fortalecerse y crecer.

Permítete perdonar

Si tienes resentimiento e ira hacia alguien que te hizo daño en el pasado, es hora de darte el permiso de perdonar. Perdonar es increíblemente liberador y es un paso esencial en el proceso de curación.

"El perdón no siempre es fácil. En ocasiones, el perdonar al que lo causó se siente más doloroso que la herida que se sufrió. Y sin embargo, no hay paz sin perdón", dijo alguna vez la autora estaodunidense, conferenciante y activista Marianne Williamson. Y es que perdonar te permite dejar de lado cualquier sentimiento negativo que puedas estar reteniendo y seguir adelante con tu vida. Aunque pueda parecer que perdonar es aprobar el mal comportamiento de alguien, no es necesariamente así.

Perdonar significa simplemente que estás eligiendo liberar la ira y el dolor para poder vivir una vida más positiva y productiva. Así que, si estás preparado para perdonar, sigue adelante y date permiso para hacerlo. Te alegrarás de haberlo hecho.

Cuando perdonas a los demás, te liberas de la ira y el resentimiento. El perdón también puede conducir a relaciones vivificantes, a una mejor salud mental y física, y a una mayor sensación de bienestar y de conexión con el universo.

Perdonar no significa que olvides lo sucedido ni que excuses a la persona que te hizo daño. Simplemente significa que ya no dejas que el incidente controle tu vida.

El perdón tiene más beneficios de los que crees, tanto para la persona que perdona como para la que es perdonada. Perdonar te conducirá a:

- **Mejorar la salud mental:** el perdón se ha relacionado con niveles más bajos de ansiedad y estrés, así como menos síntomas de depresión.
- **Promueve la mejora de las relaciones:** cuando el perdón está presente en una relación, puede conducir a una mayor confianza, comunicación y cercanía. Perdonar no debilita a quien perdona, al contrario, el gesto de perdonar aumenta significatimamente nuestra estatura personal.
- **Aumenta el bienestar general:** las personas que perdonan manifiestan mayores sentimientos de optimismo y felicidad. También tienen una mayor autoestima y se sienten más en control de sus vidas.

Si te cuesta perdonar a alguien que te ha hecho daño, debes saber que es normal sentir ira y dolor tras una experiencia traumática. Date tiempo para sanar y trabajar tus emociones.

"Solamente aquellos espíritus verdaderamente valerosos saben la manera de perdonar. Un ser vil no perdona nunca porque no está en su naturaleza", Laurence Sterne.

La decisión de perdonar es personal. No hay una forma correcta o incorrecta de sentir y otorgar el perdón. Lo importante es que hagas lo que te parezca mejor y que encuentres una forma de superar el dolor que eventualmente has experimentado.

CÓRTALA
Aprende del dolor

Muchas personas intentan adormecer su dolor o alejarlo, pero esta no es siempre la mejor estrategia. De hecho, algunas de las lecciones más importantes y valiosas provienen de nuestro dolor.

Al aprender de nuestro dolor pasado, podemos obtener sabiduría y conocimiento que nos permite recorrer un camino más ligero y promisorio, tanto para nosotros, como para nuestras relaciones.

Cuando estamos abiertos a las lecciones que nos ofrece nuestro dolor, podemos hallar compasión, fuerza e incluso esperanza. Así que la próxima vez que sientas dolor, en lugar de intentar huir de él, intenta comprender lo que busca enseñarte. Quizá te sorprenda lo que aprendas.

Henry David Thoreau dijo: "Nunca mires atrás a menos que planees ir por ese camino" Y tenía razón: si quieres crear una nueva definición de ti mismo, tienes que estar dispuesto a dejar de lado el pasado.

La gente intentará sacar a relucir tu pasado, pero sigue construyendo tu propia narrativa.

Mira con esperanza el futuro

El futuro puede ser tomado como un lugar aterrador, lleno de incógnitas e incertidumbres. Pero también como un momento emocionante lleno de oportunidades y crecimiento. Así que, al mirar al futuro, no tengas miedo del cambio. Asume los desafíos que plantea y acéptalo.

Mantente abierto a nuevas experiencias y a nuevas personas. El futuro es lo que tú haces de él. Tienes el poder de forjar tu propio destino.

Si eso significa cerrar tus cuentas en las redes sociales, hazlo. Si eso significa cambiar tu número de teléfono móvil, hazlo. Si significa mudarte para encontrar mejores oportunidades, hazlo. No estoy hablando de huir de la responsabilidad, estoy hablando de correr hacia adelante, hacia una mejor versión de ti mismo.

El miedo al cambio es algo muy real. Puede impedir que nos arriesguemos, que probemos cosas nuevas y que alcancemos todo nuestro potencial.

El cambio es inevitable, pero eso no significa que tenga que dar miedo. Aquí tienes algunos consejos para perder el miedo al cambio:

Comprende que el cambio forma parte de la vida y nos ocurre a todos. Es una parte natural de la vida y es algo que debemos abrazar, no temer. Acéptalo como una oportunidad para crecer y aprender cosas nuevas. También es una oportunidad para mejorar nuestra vida. En lugar de temer el cambio y quedarte estancado en las experiencias del pasado, prepárate para él y las muchas cosas que traerá para tu futuro.

Resistirse al cambio solo lo hará más difícil. Si aceptamos el cambio, será más fácil de afrontar.

Así que no tengas miedo de hacer algunos cambios en tu vida; después de todo, el cambio, el movimiento permanente, es la única constante en la naturaleza: te lo demuestran desde los objetos más grandes del universo, como los activos cúmulos de galaxias, hasta las inquietas partículas cuánticas de las que estamos hechos. Acéptalo y utilízalo para construir la vida que quieres para ti.

TÚ DECIDES
TUS LOGROS

Hay que estar dispuesto a trabajar duro cada día para alcanzar tus objetivos: lo sé por experiencia propia.

—TENAY RODRÍGUEZ

Cuando era más joven, estudié en una escuela de arte provincial. Pero mi sueño era estudiar en la Escuela Nacional de Arte (ENA). Sabía que, si luchaba, podría conseguirlo. Y efectivamente, luego de mucho esfuerzo, pasé las audiciones y fui aceptada como estudiante de baile en la ENA.

Este es un ejemplo de cómo el esfuerzo decidido puede llevar al éxito: si deseas algo con la suficiente intensidad, puedes conseguirlo, pero no te lo pondrán en bandeja de plata. ¡Hay que salir y luchar por ello!

Y es importantísimo que cada paso que das te lleve a un propósito más alto. ¿Sabes por qué quise estudiar en la ENA? Porque sabía que varios años después sería la mejor vía de salir del país que me sofocaba.

No bases tus éxitos en las expectativas ajenas

Al principio, mi amigo Manuel no estaba seguro de lo que quería hacer con su vida. Todos sus amigos se estaban casando y formando familias, mientras que Manuel seguía intentando averiguar cuál sería su siguiente paso.

Le encantaba trabajar con animales, pero no estaba seguro de que fuera la carrera adecuada para él. Un día, decidió arriesgarse e ir a por todas. Empezó su propio negocio de cuidado de mascotas y pronto descubrió que le encantaba. No solo estaba ayudando a la gente a mantener a sus mascotas felices y sanas, sino que también estaba marcando la diferencia en sus vidas.

El negocio de Manuel creció rápidamente y pronto tuvo más clientes de los que podía atender por sí solo. Contrató a ayudantes, pero tampoco bastó. Fue cuando decidió empezar a franquiciar su negocio. Ahora hay varias franquicias, cada una de las cuales ofrece servicios de cuidado de mascotas de alta calidad a sus clientes.

Manuel está concretando sus sueños gracias a seguir su propia definición de éxito. Sabe que nunca lo habría conseguido si hubiera dejado que otros dictaran lo que debía ser.

Todos tenemos ideas diferentes de lo que es el éxito. Para algunos, es la libertad financiera, mientras que otros pueden definirlo como marcar la diferencia en el mundo. Sea cual sea tu definición, es crucial no basar tu éxito en las expectativas de los demás.

Aunque está bien recibir consejos y opiniones de los demás, en última instancia tú eres el único que sabe lo que te hará feliz. Si te centras demasiado en lo que otros creen que debes hacer, acabarás sacrificando tu propia felicidad en el proceso.

Así que en lugar de perseguir la definición de éxito de otros, persigue la tuya. Al fin y al cabo, solo tú sabes lo que te satisface de verdad. No dejes que las expectativas de los demás te impidan hacer lo que es definitivo para tu propio bienestar personal

Es fácil que nuestra mentalidad, en particular los que han sido condicionados por la sociedad y sus padres desde la infancia, caiga en una rutina con la que nos sentimos cómodos; pero quizá no nos sirva a largo plazo.

Solo hay que ver el estrés que puede causar este tipo de vida: sentir que nunca somos lo suficientemente buenos o inteligentes a pesar de todos los esfuerzos por alcanzar el éxito porque siempre hay otras personas que son más capaces que uno.

Pero rompamos con eso, pues cada cual viene con un propósito único y trascendente. Lo importante es reconciliarnos con el significado de nuestra vida y dar lo mejor de nosotros mismos mientras hacemos lo que nos gusta. Sin comparaciones innecesarias, solo ofreciendo lo mejor de nosotros y siendo felices con ello.

Cuál es tu definición del éxito

Hay muchas interpretaciones erróneas sobre el éxito que pueden hacer que nuestro poder, nuestros dones e identidad personal se desvanezcan.

Por ejemplo, algunas personas creen que el éxito es imposible, por lo que critican a quienes lo tienen. Otros creen que el éxito es algo místico, por lo que lo buscan sin darse cuenta de que se construye paso a paso. Algunos piensan que es una cuestión de suerte o de oportunidades, y entonces se sientan a esperar a que llegue. Y otros más confunden el éxito con la productividad, sin entender que los buenos trabajadores no siempre tienen éxito.

> *"No vayas a donde el camino te lleve. Ve por donde no hay camino y deja un sendero". Ralph Waldo Emerson.*

La conclusión es que hay tantos conceptos distintos sobre el éxito como expectativas de las personas, lo que puede resultar imposible alcanzarlo si adoptamos puntos de vista ajenos. Aquí tienes que sincerarte contigo mismo y decidir qué significa para ti: ¿la consecución de objetivos concretos, como hacerse rico?, ¿alcanzar un alto nivel de logros profesionales?, ¿tener una familia saludable?, ¿ser popular en las redes sociales? Solo tú, en un examen honesto, puedes responder a estas y otras tantas cuestiones sobre ser exitoso o no.

> *Ahora, ¿cuál es tu definición de éxito? ¿Crees que es necesario alcanzar objetivos concretos para tener una vida de éxito, o crees que la felicidad y la satisfacción son más importantes?*

Si tus vecinos tenían una casa muy grande y un coche muy caro, es que habían triunfado en la vida, o eso pensaba todo el mundo. La gente no sabía que, en realidad, la familia estaba luchando por mantenerse al día con sus facturas.

Los préstamos se los estaban comiendo, y los padres tenían que trabajar cada vez más para tener más "éxito" en sus trabajos y ganar más dinero. Sus hijos nunca los veían, lo que provocaba la ruptura de la familia.

Así que, aunque parezca que tus vecinos han triunfado en la vida, quizá no sea el caso. La situación de cada persona es diferente, así que no te compares con los demás. Céntrate en tu propia vida y en qué hacer para mejorarla.

CÓRTALA

Define tus objetivos

El primer paso es identificar lo que quieres conseguir. ¿Cuál es tu sueño? ¿Qué significa el éxito para ti? Una vez que tengas claro lo que quieres, empieza a establecer metas desafiantes, pero realistas. ¡Y a trabajar para complirlas paso a paso, a través de tareas más peqeñas!

El éxito es relativo: lo que funciona para una persona puede no funcionar para otra. No existe una única definición de éxito. Lo que importa es que descubras lo que significa y funcione para ti y que seas capaz de trazar una estrategia y poner todas tus energías y talentos para acariciar lo que tú anhelas.

Identifica lo que te llena

Una de las cosas más importantes en la vida es encontrar algo que te haga feliz y que llene tu tiempo de motivación y de propósito. Para algunas personas, esto es su trabajo o una afición que les apasione. Otros encuentran la felicidad en sus relaciones o en su trabajo voluntario.

Sea como sea, es importante asegurarse de que es algo de lo que te sientes orgulloso y que le aporta alegría a tu vida. Cuando hayas encontrado lo que te hace feliz, aprécialo y aférrate a él con fuerza. Es uno de los regalos más preciados que ofrece la vida.

Éxito alineado con tus valores

Todos tenemos valores que son importantes para nosotros. Tal vez tú valoras mucho la familia, o tal vez priorizas tu carrera por encima de todo. Sea cual sea el caso, es definitivo que te asegures de que tu vida está en consonancia con tus valores y principios.

Eso significa que, si la familia es lo más importante para ti, no sacrifiques el tiempo que pasas con ella para ganar más dinero en un trabajo que odias. Puedes extrapolar este consejo a cualquiera otra área de tu vida.

> *"La consecuencia de tus actos son la evidencia de tus valores.", Conny Flores.*

Si tus valores son importantes para ti, no los sacrifiques para perseguir otros objetivos. En lugar de eso, intenta encontrar una forma de equilibrar todas las partes de tu vida para poder mantener una sensación de armonía y coherencia porque, tal como bien aconsejó Mahatma Gandhi: "Tus hábitos se convierten en tus valores, tus valores se convierten en tu destino".

Calidad por sobre cantidad

Todos conocemos la sensación de estar atrapados en la carrera de la rata, trabajando muchas horas para ganar el dinero suficiente para estar a la altura de las expectativas. Pero, ¿y si dejamos de perseguir la cantidad y nos centramos en ganar dinero de calidad?

Si resolvemos problemas reales y aportamos valor a los demás, podemos ganar un dinero que sea significativo y satisfactorio. Y cuando no estamos trabajando, podemos disfrutar de nuestro tiempo como queramos, sin estar encadenados a un trabajo.

Lo ideal es ganar dinero con aquello que nos encanta hacer, pues eso nos garantiza de alguna manera que estamos aportando algo bien hecho al mundo (por el corazón que le ponemos) al tiempo de sentirnos valiosos y disfrutar de cada hora de trabajo. Muy distinto al ejecutivo que gana millones, pero está harto de reuniones, de acudir a su oficina o lidiar con accionistas.

Podemos centrarnos en vivir una vida rica en experiencias y relaciones, no en posesiones materiales. Así que empecemos a valorar la calidad por encima de la cantidad. Puede que sea la clave de la felicidad.

Satisfacción por lo que haces

Al final del día, el éxito consiste en la satisfacción. Se trata de saber que has dado lo mejor de ti mismo y de estar orgulloso de lo que has conseguido. Se trata de despertarse cada día con energía renovada y entusiasmo por la vida.

A menudo nos vemos atrapados en la persecución de cosas que realmente no importan. Pero si somos capaces de dar un paso atrás y centrarnos en lo que realmente nos aporta satisfacción, descubriremos que el éxito está a nuestro alcance.

Cuando seamos capaces de encontrar satisfacción en nuestro trabajo, en nuestras relaciones y en nuestra vida cotidiana, sabremos que hemos triunfado de verdad, que hemos dado un paso adelante. Así pues, esforcémonos por encontrar esa satisfacción interior y esa alegría que surge de dar lo mejor de nosotros mismos y de estar orgullosos de lo que hacemos y hemos conseguido.

LOS SUEÑOS HAY QUE SUDARLOS

"Todo lo que vale, cuesta" es una gran verdad que vivo en cada paso de mi vida. ¿De qué tamaño son tus sueños?

— TENAY RODRÍGUEZ

Desde chica quise ser abogada, por influencia de mi papá, quien se graduó en la Escuela de Leyes de Cuba. No obstante, y por las dificultades políticas y económicas que enfrentaba la isla, yo quería salir de allí. Y la única manera en aquel tiempo de salir de Cuba era por la vía del deporte o de la cultura. Por eso decidí, con apenas nueve años de edad, ser bailarina y estudiar en la prestigiosa escuela de arte de mi país.

Cuando se lo dije a mi mamá, ella me respondió al instante que "las bailarinas toman el mal camino". No obstante, yo averigüé cuándo eran las audiciones, tomé una bicicleta y me fui a las pruebas. ¡Y fui seleccionada! Al regresar a casa, de inmediato le revelé a mi madre: "Estoy registrada en la Escuela de Arte. Lo quieras o no, yo voy a bailar". Y, como te conté líneas atrás, comencé con el sueño de hacer giras para salir del país.

De mi año de graduación, en 1998, a mis 17 años, llegó la gira de mi compañía a España. Mi grupo fue el primero que salió en el año 2000.

Nunca fui de las que se quedan de brazos cruzados y sueñan. Mi padre me inculcó la importancia del trabajo duro, y pronto empecé a combinar mis grandes objetivos con una preparación continua. No siempre fue fácil, pero mereció la pena.

Además de mis 7 u 8 horas de clases en el colegio, asistía a una clase extra de ballet, y hasta hacer 3 millas diarias más que los demás para bajar de peso. Corregir mis posiciones, mis giros, los saltos frente al espejo. Era un trabajo diario, duro, incesante. Pero cuando trabajas a diario con una meta, no hay manera de que no se cumpla.

Hay muchas personas que tienen sueños y aspiraciones, pero son muy pocas las que realmente los alcanzan. ¿Por qué? Porque se necesita mucho trabajo, sentido de la oportunidad y dedicación para convertir un sueño en realidad, pero sin duda es posible con la mentalidad, la actitud y el enfoque adecuados.

Suda por lo que sueñas

Perseguir los más altos anhelos personales es lo que da sentido y propósito a nuestras vidas. Es lo que nos impulsa a ser lo mejor que podemos ser y, en el camino, mejorar la vida de los demás. Sin sueños, todos viviríamos en un mundo de mediocridad.

Pero eso sí: ¡con soñar no basta! Propongo esculpir en mármol las palabras de la escritora Sarah Ban Breathnach: "El mundo necesita soñadores y el mundo necesita hacedores. Pero sobre todo, el mundo necesita soñadores que hacen". Hay que cruzar la puerta y salir al mundo a materializar esos sueños. Aquí tienes algunos pasos que pueden ayudarte a conseguir tus sueños:

Define tu sueño

El primer paso para alcanzar cualquier sueño es definirlo claramente:

- ¿Qué quieres conseguir exactamente?
- ¿Cuáles son tus metas?

Estas son preguntas importantes que debes hacerte si quieres convertir tus sueños en realidad. Y es que, con demasiada frecuencia, la gente tiene sueños vagos o indefinidos, lo que dificulta la acción y el progreso. Si no logras articular claramente lo que quieres, será imposible conseguirlo. Por ello te conté mi historia con la escuela de arte: de niña ya sabía lo que quería y qué tendría que hacer para lograrlo. Y trabajé incansablemente por ello.

Una vez que tengas una idea clara de lo que quieres, será mucho más fácil pasar a la acción y hacer realidad tu sueño.

CÓRTALA

Define tus sueños

Así que tómate un tiempo para pensar en tu sueño:

- ¿Cuál es tu sueño más alto?
- ¿Cómo materializarlo?
- Qué pasos debes dar hasta llegar a él.

Cuando tengas una idea clara de lo que quieres, podrás empezar a dar pasos para hacerlo realidad. Definir tu sueño es el primer y más esencial paso en el camino hacia el éxito.

Divide tu sueño en objetivos alcanzables

Es importante establecer metas realistas cuando se trata de alcanzar un sueño. Si tus objetivos son poco realistas, es probable que te desanimes y te rindas.

¿Cómo puedes evitar este escollo? Dividiendo tu sueño en objetivos más pequeños, medibles y alcanzables. A continuación, crea un plan de acción que te ayude a cumplir cada meta trazada, por pequeña que sea. Puede parecer mucho trabajo, pero créeme, merece todo el esfuerzo que le pongas. Al fin y al cabo, alcanzar tu sueño es la máxima recompensa.

CÓRTALA

Fija tus objetivos

Es difícil mantenerse centrado en tus ideales, especialmente si tienes muchas otras cosas en tu vida. Sin embargo, es decisorio recordar por qué fijaste esos ideales en primer lugar y qué esperas conseguir al alcanzarlos. Aquí tienes algunos consejos que te ayudarán a mantener el enfoque en tu meta más acariciada:

- **Escribe tus objetivos y mantenlos en algún lugar visible.** Con esta práctica podrás recordar fácilmente en qué estás trabajando y te mantendrá motivado.

- **Fíjate plazos y cúmplelos.** Esto te ayudará a mantener el rumbo y a asegurarte de que estás haciendo lo adecuado para alcanzar tus objetivos, sin distracciones.

- **Dedica un tiempo a ti mismo** cada día para pensar en formas de alcanzar tus metas, sean a corto, mediano y largo plazos. Esto te ayudará a tener nuevas ideas y evitará que te atasques en los detalles.

No te conformes: sueña en grande

El conformismo puede llevar a la gente a seguir a la multitud incluso cuando no es lo mejor para ella, o a seguir algo solo porque todo el mundo lo hace.

El conformismo puede definirse como la práctica que caracteriza a las personas que se adaptan fácilmente a cualquier circunstancia con un mínimo esfuerzo.

También es entender cómo nos conformamos debido en parte a la obediencia por las normas o convenciones que nos imponen, pero sobre todo por nuestro miedo a lo que los demás puedan pensar de nosotros si nos salimos de lo que los demás esperan de nosotros. Nos conformamos, incluso, cuando hacemos algo que va contra nuestras creencias solo por la preocupación de ser juzgados.

Sí, hay mucha presión para conformarse. Nos bombardean constantemente con mensajes que nos dicen cómo debemos ser, cómo debemos comportarnos y en qué debemos creer.

Un antídoto para ello es rodearse de gente que te empodere, aquellas que comparten contigo nuevas ideas, que te contagien de energía para seguir avanzando. ¿Dónde buscarlas? ¡Sal de tu zona de confort! Atrévete a conocer a gente nueva, sea en grupos, conferencias, reuniones sociales o profesionales, etc. Siempre habrá alguien que conecte contigo y que aliente a salir del conformismo.

No es de extrañar que muchos de nosotros acabemos sucumbiendo a la presión del grupo en algún momento de nuestras vidas.

Sé consciente de tu tendencia al conformismo

Todos tenemos la tendencia a ajustarnos a las normas de quienes nos rodean. A menudo esto es inofensivo: vestirse como los amigos, animar al mismo equipo deportivo, etc. Pero a veces el conformismo puede llevarnos por el camino del estancamiento.

Es posible que sigamos un curso de acción aunque tengamos dudas, simplemente porque es lo que hacen todos los demás. O quizá no hablemos cuando veamos que algo está mal, porque no queremos agitar el barco.

Es importante ser conscientes de nuestra tendencia a conformarnos, para asegurarnos de que siempre seguimos nuestros propios intereses. Si no tenemos cuidado, el conformismo puede llevarnos al final del día a la orilla de la mediocridad.

Busca experiencias nuevas y diferentes

La experiencia es lo que nos hace ser quienes somos. Forma nuestras creencias, nuestros valores y nuestra comprensión del mundo. Sin la experiencia, estaríamos perdidos. Por eso es tan importante buscar experiencias nuevas y diferentes, aunque estén fuera de nuestra zona de confort.

"Quienes más hacen, sueñan más",
Stephen Leacock.

Al salir de nuestra zona de confort, nos abrimos a nuevas posibilidades, nuevas gentes y nuevas formas de pensar. Aprendemos sobre otras culturas y otras personas. Y terminamos aprendiendo, por supuesto, más de nosotros mismos. Y nos convertimos en individuos más completos.

Así que la próxima vez que te sientas atrapado en la rutina, recuerda que las nuevas experiencias están esperando a ser vividas.

Ábrete a todo tipo de gentes

Es clave, a la hora de enriquecer nuestra experiencia vital, abrirse a todo tipo de personas, pues cada una nos dejará algún aprendizaje de su propia realidad, maneras de pensar, de resolver las cosas y de construir sus propios sueños. Ello, sin darte cuenta, irá ampliando tu visión y te dará más luces sobre lo que quieres para ti, sobre todo cuando te relacionas sin prejuicios con nuevas gentes.

Es un ejercicio enriquecedor y muy, muy humano que le sumará quilates a tu existencia. Trabaja por ello, consciente y consistentemente. Todo lo que tienes que hacer es dar el primer paso y seguir como una regla dorada la atinada frase de Gary Player, jugador de golf considerado como uno de los mejores de la historia: "Cuanto más duramente trabajo, más suerte tengo".

Defiende lo que crees

Nelson Mandela nació en 1918 en el seno de una familia real de la tribu xhosa de Sudáfrica. A una edad temprana, fue enviado a vivir con un jefe que le inculcó los valores tradicionales de su pueblo. Estos valores conformarían más tarde las creencias y acciones de Mandela.

De joven, Mandela estudió derecho en la Universidad de Witwatersrand. Fue aquí donde se involucró en la política y se unió al Congreso Nacional Africano (CNA). En la década de 1950, fue uno de los líderes de la Campaña de Desafío del CNA, que protestaba contra las leyes del Apartheid. Fue detenido y condenado a nueve meses de cárcel.

En 1960, la policía abrió fuego contra una manifestación pacífica en Sharpeville, matando a 69 personas. Este suceso provocó una protesta pública y llevó a la prohibición del CNA. Mandela fue detenido de nuevo y condenado a cinco años de prisión. Sin embargo, su condena fue posteriormente aumentada a cadena perpetua tras ser declarado culpable de sabotaje por su participación en la planificación de la resistencia armada contra el régimen supremacista del Apartheid.

Mandela pasó 27 años en prisión antes de ser liberado en 1990. Tras su liberación, siguió luchando por la democracia y los derechos humanos en Sudáfrica. En 1994, fue elegido el primer presidente negro de su país.

Durante su vida, se enfrentó a retos descomunales. Pero nunca renunció a sus creencias. A defender lo que creía, incluso si eso significaba sacrificar su propia libertad.

Como Nelson Mandela, todos queremos marcar la diferencia en el mundo. Queremos dejar nuestra huella y ser recordados por algo bueno. Pero a veces puede parecer que nuestras voces individuales se pierden entre la multitud. Por eso es tan importante defender lo que uno cree.

Cuando hablas y luchas por las cosas que te importan, logras marcar una verdadera diferencia. Por supuesto, hace falta valor para defender tus creencias, especialmente cuando van a contracorriente. Pero siempre merece la pena defender lo que uno cree.

Cuando defiendes lo que crees, logras marcar la diferencia en el mundo.

Cuando la gente ve que otros están dispuestos a luchar por lo que creen, es más probable que escuchen y consideren cambiar sus propias opiniones. Además, al adoptar una postura, logras inspirar a otros a hacer lo mismo. Por último, se trata simplemente de una cuestión de principios; si crees en algo, ¿por qué deberías permanecer en silencio? Habla y deja que se escuche tu voz.

Eso sí: cuando se trata de defender lo que uno cree, sé respetuoso y considerado con los demás. No tienes que imponer tus creencias a nadie, pero debes estar abierto a compartir tus pensamientos y escuchar los de los demás.

Acepta tu singularidad

No hay necesidad de intentar ser como los demás. Eres único, y eso es lo que te hace especial. Acepta tus peculiaridades y abraza tus diferencias. Enorgullécete de quién eres y no dejes que nadie te diga que no eres lo suficientemente bueno para esto o aquello.

Eres exactamente quien se supone que eres, así que ámate y nunca te disculpes por ser tú. Cuando te aceptes a ti mismo, los demás también te aceptarán. Así que ten confianza, sé valiente y sé tú mismo. El mundo necesita gente genuina que esté dispuesta a defender su valía como persona irrepetible.

Todos tenemos talentos y habilidades únicas que nos hacen especiales. A veces, es tentador tratar de encajar en la multitud y restar importancia a nuestras diferencias. Sin embargo, recuerda que nuestra individualidad es lo que nos hace ser quienes somos. Estar conscientes de nuestra singularidad y aprovechar nuestros dones únicos para servir es lo que nos permite distinguirnos del resto.

CÓRTALA
Ten una mentalidad abierta

Es fácil quedarse anclado en nuestras costumbres y ver el mundo a través de una lente estrecha. Puede resultarnos difícil aceptar nuevas ideas o perspectivas que difieran de las nuestras. Sin embargo, recuerda que siempre podemos aprender algo nuevo, aunque desafíe nuestras creencias.

Al tener la mente abierta, nos permitimos crecer y mejorar. Podemos descubrir que estábamos equivocados en algo, o que hay otra forma de ver una situación. En cualquier caso, acabaremos siendo mejores por ello. Por ello, ponte la tarea de conocer gente nueva cada vez que te sea posible, y ve sin prejuicios, solo con la curiosidad de quien quiere conocer más y aprender.

Cuestiona la autoridad

Las figuras de autoridad desempeñan un papel clave en nuestras vidas. Nos proporcionan orientación y dirección, y nos ayudan a mantenernos seguros. Sin embargo, hay momentos en los que es importante desafiar a la autoridad.

Las personas en posiciones de poder no siempre tienen razón, y es importante ser capaz de defender lo que uno cree. Además, desafiar a la autoridad puede conducir a un cambio positivo. Si todo el mundo siguiera ciegamente las órdenes, el mundo sería un lugar muy estancado. Así que, la próxima vez que tengas la tentación de seguir a la multitud, pregúntate si es realmente lo correcto y qué puedes hacer tú para innovar y sobresalir, es decir, dar tu aporte.

Piensa por ti mismo

Es importante pensar por uno mismo y no limitarse a seguir lo que dicen los demás. Es muy sano cuestionar lo que se dice y ver las cosas desde distintos ángulos. Si todo el mundo siguiera lo que le dicen sin cuestionarlo, nunca progresaríamos como sociedad.

No habría inventos, ni ciencia pues esta se basa precisamente en cuestionar las teorías dominantes en un momento dado. No tendríamos cosas como el arte, ni Internet, ni autos ni vacunas. Todo adelanto se debe a que alguien, en algún momento, decidió pensar por sí mismo y desafiar el statu quo.

Así que la próxima vez que estés a punto de dar la razón a alguien, párate y pregúntate si eso es realmente lo que crees o si simplemente lo aceptas porque es más fácil o porque tienes la necesidad de aceptación de grupo.

Mantén la concentración y la motivación

Alcanzar un sueño requiere tiempo y perseverancia. Habrá momentos en los que tengas ganas de rendirte, pero es importante que te mantengas centrado y motivado. Recuerda por qué estás haciendo esto y mantén la vista en el premio. Que estés leyendo un libro para cortar lo que te detiene y perseguir tus sueños, es un gran paso.

No olvides los motivos de tu lucha

Es importante que te recuerdes a ti mismo los motivos que te han llevado a abrazar una meta, porque a veces, cuando te sientes saturado o frustrado con el objetivo, es tentador abandonar.

Si llevas una lista de los motivos por los que quieres alcanzar tu sueño, podrás recordarte a ti mismo por qué es importante para ti, y podrás reorientar tu enfoque cuando empieces a sentirte desanimado.

A veces, basta con una rápida lectura de la lista para recuperar el rumbo y la motivación para seguir adelante.

Así que, en cuanto establezcas una meta o un sueño, asegúrate de escribir por qué quieres conseguirlo y cuál es el camino más corto hacia él, para poder consultar tu lista cuando necesites un recordatorio de lo que es importante.

Comparte tus metas y logros

Contarle a los demás tus objetivos y sueños es una forma estupenda de mantener la motivación. Lo ideal es que se lo cuentes a alguien que tenga el mismo objetivo que tú, para crear una sana competencia.

Sin embargo, incluso si no hay nadie con el mismo propósito, el simple hecho de contarle a otra persona sobre tus anhelos puede hacer que parezca más real y, por tanto, que sea menos probable que te rindas.

"Yo no sueño de noche. Yo sueño todos los días. Yo sueño para vivir",
Steven Spielberg.

Además, el hecho de compartir tus objetivos públicamente hace que tengas que rendir cuentas a alguien más que a ti mismo, lo que puede aumentar aun más tu motivación. Así que, tanto si compartes tus sueños con un amigo como si simplemente los anuncias al mundo, hacerlo te ayudará a mantenerte en el camino y alcanzar el éxito.

Elimina las distracciones

La mayoría de nosotros hemos experimentado distracciones en algún momento de nuestras vidas. Las distracciones pueden hacer descarrilar rápidamente nuestro tren de pensamiento y hacernos perder la concentración. Y aunque algunas distracciones son imposibles de evitar, otras están totalmente bajo nuestro control.

Entonces, ¿cómo podemos minimizar el impacto de las distracciones cotidianas y mantenernos concentrados en nuestras metas grandes y pequeñas? En primer lugar, es importante ser conscientes de lo que nos distrae. Si sabemos qué es lo que nos desvía del camino que queremos seguir hacia nuestro propósito, podemos estar mejor preparados para afrontarlo cuando se produzca.

Para algunas personas, las redes sociales son una fuente importante de distracción. Si este es el caso, prueba a desactivar las notificaciones en tu teléfono o a reservar momentos específicos del día para consultar Facebook o Twitter. Para otros, las interacciones personales pueden ser el mayor problema. Si este es el caso, intenta trabajar en un espacio tranquilo donde no te interrumpan.

Apaga tu teléfono, desconecta de las redes sociales y despeja tu espacio de trabajo de cualquier desorden. Céntrate en lo que es importante y será más probable que te concentres en lo que verdaderamente quieres hacer.

Si logras eliminar las distracciones y centrarte en tus metas, será más probable que las consigas. Así que respira hondo, apaga el teléfono y ponte a trabajar. Por supuesto, siempre surgirán distracciones inesperadas. Cuando esto ocurra, intenta respirar profundamente y volver a centrar tu atención en la tarea que tienes entre manos.

También es útil tener una lista de tus objetivos cerca para que puedas recordar en qué estás trabajando cuando empieces a sentirte descarrilado. Con un poco de esfuerzo y conciencia, todos podemos aprender a lidiar con las distracciones de manera que no afecten a nuestra productividad ni active altos niveles de estrés.

Lleva registros de tu progreso

Una de las mejores formas de mantener la motivación cuando se trabaja para alcanzar un objetivo es llevar un registro de los progresos realizados. Es fácil olvidar lo lejos que has llegado cuando estás centrado en lo que queda por hacer, pero si registras tu progreso desde el principio, verás lo mucho que has conseguido.

Puede ser una simple cuestión de llevar un diario o crear una hoja de cálculo, pero dedicar tiempo a registrar tus progresos te ayudará a ver tus logros y a seguir avanzando. Además de ser fuente de satisfacción e impulso.

Además, ver tu progreso a lo largo del tiempo te dará una mejor idea de lo bien que estás avanzando hacia tu sueño y si necesitas hacer ajustes. Así que si quieres mantener la motivación y el rumbo, asegúrate de registrar tus progresos a lo largo del camino.

No te rindas nunca

A veces, estas dificultades parecen insuperables, e incluso puede parecer lógico rendirse. Sin embargo, recuerda que estos momentos son solo contratiempos temporales. Si perseveramos, acabaremos superándolos y saldremos más fuertes y exitosos que nunca (recuerda lo de cultivar la resiliencia). Así que asume como un mantra personal la frase del director de cine Billy Wilder: "Tienes que tener un sueño para poder levantarte por la mañana".

Con trabajo duro y determinación, pronto te encontrarás a mitad del camino de tus sueños más altos.

El paso más importante de todos es no renunciar nunca a tus sueños. Si crees en ti mismo y te mantienes positivo, todo es posible. Así que sigue trabajando duro y no renuncies nunca a lo que te hace despertar cada mañana, como bien dice Billy Wilder. Con estos pasos, puedes conseguir todo lo que quieras en la vida. ¡Que te lo digo yo!

La primera edición de
Córtala
fue impresa en 2023

Made in United States
Orlando, FL
21 May 2024